Un mini-*potager* à portée de main

vertical, sur pieds, surélevé...

Direction de la publication
Isabelle Jeuge-Maynart et Ghislaine Stora

Direction éditoriale
Catherine Delprat

Édition
Liza Person-Lisiecki

Relecture-correction
Laurence Alvado

Mise en pages
Natacha Marmouget

Couverture et conception graphique
Aurore Élie

Dessins
Caroline Koehly

Fabrication
Donia Faiz

ISBN : 978-2-03-592683-8

Serge Schall

Un mini-potager à portée de main

vertical, sur pieds, surélevé…

Cultiver en hauteur légumes et fruits

LAROUSSE

Sommaire

Avant-propos

Le monde du jardin, et particulièrement du potager, est en mouvement incessant. On pourrait croire ce havre de tranquillité plus immuable, est-ce la marque de notre époque décidément avide de changement, de bouillonnement intellectuel ? Toujours est-il que les courants et les innovations se succèdent. Certains sont à considérer avec le recul nécessaire pour ne pas succomber à de fausses nouveautés ou à des promesses inatteignables, d'autres sont véritablement porteurs d'astuces et adaptés aux nouveaux impératifs du moment. Parmi les vraies idées nouvelles, saluons le potager en hauteur, sous toutes ses formes.

Et indiquons tout de suite qu'il ne faut pas le cantonner à sa vocation potagère, il y a mieux à faire avec ce dispositif simple qui facilite la vie au jardin... surtout quand on n'en possède pas. Car sa première destination est d'apporter un petit lopin sur les balcons et les terrasses, mais pas seulement. Facile à poser, ce petit jardin offre de multiples utilisations. Toutes ont en commun le plaisir de jardiner dans la perspective de petites récoltes qui peuvent sembler folkloriques à certains, mais qui n'ont pourtant rien d'anecdotiques pour qui sait s'y prendre et rester raisonnable dans ses choix.

Une fois passée l'heureuse surprise apportée par la découverte de ce matériel – « c'est simple, comment on n'y a pas pensé plus tôt ? » –, on reste un peu circonspect au moment de l'utiliser. On sent bien qu'il y a quelque chose à en tirer, mais quoi ? C'est à destination du néophyte en panne d'inspiration que nous avons pensé ce livre. Pour le mettre sur la voie de la culture potagère en hauteur et lui donner envie d'explorer un champ infini de possibilités.

Comment réussir son potager en hauteur ?

Optimiser la place sur le balcon

Jusqu'alors, le jardinier sur balcon et terrasse se contentait de faire avec le peu de place dont il disposait. En adoptant le potager en hauteur, il va affiner ses qualités de bon gestionnaire de la surface cultivable.

Démultipliez votre surface

Un des principes du jardin en hauteur, plus particulièrement du jardin vertical (voir plus loin sa définition), est de démultiplier les mètres carrés disponibles au sol. Un mètre carré cultivé en étage, c'est autant de mètres carrés que d'étages. C'est tout simple, au moins dans sa conception. Cela demande un peu de maîtrise, facilement acquise, côté cultural.
Ce savoir-faire engrangé, si vous avez un jour la chance de changer pour un vrai jardin, dans de la vraie terre, vous constaterez la simplicité du potager, mais ce n'est pas le sujet de ce livre.

Ayez l'obsession des recoins

La bonne utilisation de la surface cultivable suppose une bonne gestion de tous les coins négligés jusqu'alors. Elle passe par l'emploi des angles, il y en a deux à quatre selon la configuration du balcon, et quelquefois plus selon l'aménagement de la terrasse. Des dispositifs sont prévus à cet effet, nous en parlons plus avant dans le livre. C'est aussi tirer profit des murs, en plaçant une « culture en terrasse » adossée au mur, libre ou fixée solidement.

PENSER « VERTICAL »

C'est cultiver des plantes grimpantes, mais aussi pour les faire retomber. C'est accepter de rompre avec les plantes à faire pousser toutes droites et les planter en oblique dans les interstices, les faire s'échapper du potager et leur laisser pour seul contact celui du terreau nourricier (c'est tout de même le principal).
On le voit, faire son potager en hauteur sur son balcon ou sa terrasse appelle une petite révolution culturale et un vent de nouveautés comme on les aime dans le jardinage.

Plantez sitôt qu'une place se libère

La gestion intelligente de la surface cultivable, c'est aussi semer ou replanter sitôt que la place se libère. Contrairement au potager de pleine terre où on raisonne en parcelles continues, le potager de balcon doit tirer parti de la moindre petite surface. Une graine de radis, c'est un radis ; en loger une vingtaine dans des petits espaces, c'est récolter une belle botte un mois plus tard. Un carré de 20 cm de côté, vite un plant de salade, à cueillir en 6 semaines. Pas un recoin ne doit se perdre. Les potagistes adeptes du jardin en carrés sur terrasse sont déjà familiarisés avec cette préoccupation constante, cette chasse aux petits lopins.

Faites votre révolution culturale

D'autres fois, vous cultiverez dans un potager sur pieds, vous trouverez facilement les matériels pour les balcons dans le commerce. Dans ce cas, la surface disponible est la même que celle au sol. Alors, pourquoi cultiver en hauteur ?

Le potager sur pieds permet d'amener la surface cultivée au niveau de la rambarde du balcon et de l'exposer au soleil, alors que la même parcelle au niveau du sol ne reçoit pas assez de lumière. En outre, ces dispositifs apportent un confort de travail.

Une fois convaincu du bien-fondé de cultiver en hauteur, vous aurez rapidement le réflexe de penser « vertical ». Pas seulement dans le choix du matériel, acheté ou bricolé par vos soins (les idées d'adaptations et les astuces sont innombrables), mais surtout par la sélection des plantes et la façon de les cultiver. C'est à notre avis le point le plus important et l'objet de cet ouvrage.

Petit rappel en « sol majeur »

Transposer la culture dans une grande jardinière ou un grand bac est possible, c'est précisément ce que propose le potager en hauteur.

Peut-on se passer d'une belle épaisseur de terre ?

Au jardin, les plantes poussent dans la terre. Par leurs racines, elles peuvent s'y ancrer solidement et puiser les éléments nutritifs et l'eau nécessaires à leur croissance et à toutes les étapes de leur vie guidées par leurs besoins physiologiques. C'est aussi le lieu d'échanges gazeux moindres qu'au-dessus de la surface, mais déterminants.

Dans notre imaginaire jardinier, on pense qu'il faut travailler la terre en profondeur, que la plante a besoin d'aller chercher très loin pour en tirer sa belle énergie vitale. En réalité, la fertilité d'un sol se joue dans les premiers centimètres, dans l'humus. C'est là que se trouve la fraction humique qui agit comme une éponge nutritionnelle, dispensant eau et éléments nutritifs à la plante, en la maintenant sous une saine perfusion.

Tout cela pour dire qu'au potager, il n'est pas nécessaire d'avoir un sol très profond pour obtenir de belles récoltes, au moins pour la plupart des plantes. Sur une hauteur de 40 cm de bonne terre, la majorité des légumes, des herbes aromatiques et des fleurs annuelles et vivaces peuvent pousser, fleurir et fructifier.

Que peut-on attendre du potager en hauteur ?

Comme pour toutes les méthodes de culture hors-sol, en pot, en jardinière, en carré... ce n'est pas le volume de terre disponible qui limite les possibilités, mais la place sur votre balcon, votre terrasse ou dans votre petit jardin. De sorte que, si beaucoup de légumes peuvent être produits, il n'est pas raisonnable d'en espérer des récoltes généreuses pour tous. Certains seront cultivés par amusement, pour récolter quelques fruits, c'est le cas de l'aubergine ou du poivron, par exemple. Pour d'autres, par contre, les rendements seront comparables à ceux du potager, on peut citer les radis de tous les mois, la mâche, la roquette et, de manière générale, les salades à couper, les carottes courtes et un large choix de plantes aromatiques, certaines plantes médicinales, de nombreuses fleurs...

Culture hors-sol : une méthode bien spécifique

Les rendements seront au rendez-vous, à condition de respecter deux ou trois points particuliers inhérents à la culture hors-sol. Elle n'est pas compliquée, mais elle a ses spécificités.

– Le volume de **terreau** est limité. Vous devez donc apporter un soin particulier à sa qualité, au moment du remplissage du potager sur pieds, puis entretenir sa fertilité.

– Le volume de culture est toujours faible en regard de l'**évaporation** de l'eau. Vous devez être plus attentif sur les arrosages que vous le seriez au jardin. D'autant plus que l'évaporation est plus intense sur les balcons et les terrasses plus exposés à la chaleur et aux vents.

– Enfin, les plantes cultivées hors-sol sont plus sensibles à la **chaleur** et au **froid**, car leurs racines ne bénéficient pas de la protection de la pleine terre. En hiver, pour quelques cultures spécifiques, vous devez en tenir compte en hivernant votre potager sur pieds à l'abri.

Le jardin vertical

Cultiver dans un jardin vertical revient à produire ses légumes dans des étages de culture, disposés les uns au-dessus des autres, en moyenne 5 étages pour pouvoir travailler à hauteur d'homme, pour le plus élevé.

Une grande diversité de formes

Ces jardinières, solidaires dans un même dispositif, sont faciles à concevoir et à fabriquer soi-même. Mais il en est comme pour les étagères et les petits meubles, lorsqu'on additionne simplement le prix des matériaux, on constate qu'il vaut mieux acheter des meubles en kit. C'est pourquoi il ne faut pas se détourner systématiquement des modèles disponibles dans le commerce, même si la première impression est leur relative cherté. Si vous n'êtes pas bricoleur, c'est une bonne alternative.

Tous prennent en compte l'idée de décaler les étages, et non de les empiler dans un même plan, pour offrir une bonne exposition à chacun. Ainsi, la tomate du dessus ne fait pas de l'ombre aux salades de l'étage inférieur, les problèmes de voisinage légumiers n'ont pas lieu d'être.

Les modèles les plus utilisés sont ceux à fixer à un mur, considérez la largeur de l'étage le plus bas, en fonction de la place disponible sur votre balcon.

D'autres exigent plus de place, mais offrent l'avantage de pouvoir cultiver sur deux faces, à la manière d'un escabeau ouvert. Enfin, certains ont une forme pyramidale ou en tour et exposent leurs compartiments de culture sur quatre faces.

Le jardin de palettes

Le grand plaisir du jardinage passe aussi par la débrouille, au moins si vous avez un tempérament de bricoleur. Le potager fait de palettes récupérées est en ce sens réjouissant et connaît un très grand succès. Pour les rétifs à la tenaille et au marteau, des modèles du commerce s'en inspirent directement.

Avant de vous lancer dans la collecte de palettes, sachez qu'il en existe deux catégories principales. Celles marquées « EUR EPAL », réutilisables, sont traitées, robustes mais un peu trop, et leur démontage est peu facile. Celles qui ne sont pas marquées sont jetables, à la solidité très variable. Tâchez de récupérer les palettes prévues pour les charges lourdes, comme les matériaux de chantier.

La première opération est de démonter les palettes à l'aide d'un pied-de-biche et de les déclouer pour en récupérer les composants. Ensuite, de fabriquer une autre palette : posée sur la tranche ou fixée à un mur, elle sera votre potager vertical, à la différence près que les compartiments seront fermés par une latte de récupération (vous devez donc avoir deux palettes pour en faire une) et garnis d'un feutre géotextile avant d'être remplis de terreau.

Pour les grands balcons

Sur les grands balcons et les terrasses, pensez à doubler la surface disponible en plaçant un carré de culture au sol, devant le jardin vertical. Il peut prendre la forme d'une seconde palette.

Faites preuve d'imagination

Avec le bois de récupération, les possibilités de bricolage sont infinies, comme ce potager sur table amélioré par deux côtés verticaux.

GARE AUX TOXIQUES !

Beaucoup de palettes sont faites de bois traités, pour prévenir la propagation de parasites, champignons et insectes (norme NIMP 15), il s'agit des plus robustes, réutilisables de nombreuses fois, et de celles destinées à l'export-import. Repérez le marquage sur un des plots de la palette et utilisez seulement celles ayant subi un traitement thermique (sigle HT, pour Heat Treatment). Fuyez celles estampillées BM (pour bromure de méthyle), elles sont toxiques. Ce traitement est interdit en Europe depuis 2010.

Le potager sur pieds

Le premier débouché du potager sur pieds est de pouvoir disposer d'un petit espace de culture sur les balcons et les terrasses. Beaucoup de modèles urbains ont été pensés dans ce sens et dans l'optique d'optimiser le peu de place disponible. Les avantages sont aussi appréciables dans les petits jardins.

Jardiner sans se baisser

Le potager sur pieds s'inspire de la pratique du jardinage sur table qui a cours chez les horticulteurs, en production à grande échelle, transposée au jardin. Une fois qu'on a goûté à un tel confort, il est bien difficile de revenir en arrière. Il est donc adressé aussi aux personnes souffrant de douleurs chroniques, aux personnes handicapées et aux personnes âgées. Sans verser dans l'analyse sociologique, il est intéressant de savoir que lorsqu'on questionne les résidents des maisons de retraite sur les activités qui leur manquent le plus, la cuisine vient en première place, suivie du jardinage.

Sur roulettes

Le développement de table de jardinage a amené à la mise au point de matériel qu'on peut déplacer et ranger facilement. Ces modèles prévus initialement pour les maisons de retraite ont été transposés pour le jardinage de loisir des particuliers. C'est ainsi que de plus en plus de potagers sur pieds sont équipés de roulettes, un avantage de plus pour les terrasses et les balcons. Cette mobilité a aussi séduit les écoles. Toutes n'ont pas la chance de posséder un jardin pour l'apprentissage du jardinage. Aussi, l'atelier terminé, le jardin mobile peut être déplacé sans peine.

Pour les enfants

Le potager sur pieds permet de s'adonner à la pratique du jardinage pour tous, de faire preuve de pédagogie et de complicité, sur un simple balcon, de faire l'apprentissage du goût et du beau, même sans avoir un vrai jardin. Et, de fait, on trouve dans le commerce des modèles moins hauts, adaptés à la taille des enfants.

Pour le plaisir

Ce petit tour d'horizon pour conclure que le matériel varié, disponible dans le commerce, est le fruit de toutes ces attentes différentes. On pourrait lister tous les avantages à jardiner dans un potager sur pieds, c'est facile, c'est écologique, c'est un peu de nature revenue en ville, c'est bon pour la biodiversité… mais cela relèverait davantage de l'argumentation commerciale du moment. Et si on se contentait de dire que c'est joli, que c'est amusant, et surtout, que ça nous fait plaisir, tout simplement ?

Le prix s'oublie, la qualité reste

Avec quelques tasseaux et des planches de récupération, chacun peut fabriquer son potager sur pieds. Ce n'est jamais qu'une caisse surélevée, garnie de feutre géotextile pour assurer une certaine étanchéité et retenir le terreau. Mais on peut plus sûrement adopter un des nombreux modèles du commerce qui propose des dimensions, des formes, des matériaux et des petits plus. Et aussi une finition dans certains détails utiles. La plupart sont livrés à monter soi-même, ce petit travail n'en est pas un, mais un plaisir en préambule au jardinage.

Les dimensions

Les modèles courants mesurent 50 à 60 cm de largeur et 1 m à 1,20 m de longueur, considérons cela comme le module de base. La hauteur moyenne est de 80 cm, ce qui offre un bon confort de travail. Les modèles pour enfants sont plus bas, autour de 50 cm. La hauteur du bac de culture est variable, il faut savoir que les plus petits modèles ont une capacité de 50 litres, et en moyenne de 80 litres. Plus on monte en taille, plus la contenance augmente bien sûr, mais sachez qu'il faut remplir le bac de terreau sur la moitié de sa hauteur. Pour les potagers sur pieds les plus grands, cela peut aller jusqu'à une contenance de plusieurs centaines de litres.

Les formes

Carrés ou rectangulaires, les potagers font dans l'utilitaire, pas dans la fantaisie, c'est ce qu'on leur demande. Mentionnons les potagers sur pieds d'angle qui permettent d'exploiter toute la place disponible sur le balcon ou la terrasse.

Certains modèles sont cloisonnés en carrés de culture. Cela entretient une confusion, car

ANTICIPEZ...

Prévoyez l'emplacement du potager, car une fois rempli, vous ne pourrez pas le bouger (sauf pour les modèles équipés de roulettes, qu'il est toujours temps d'ajouter sur un modèle en bois). Pensez aussi au nombre de sacs de terreau à monter chez vous.

la méthode de jardinage en carrés sur une aussi faible surface n'a pas lieu d'être. Considérez ces séparations davantage comme un repère visuel, pas plus.

Les matériaux

Le réflexe est d'acheter un modèle en **bois,** ce matériau est si intimement lié au jardinage ! Tous sont en bois autoclave pour résister au temps, le seul entretien est d'apporter une lasure. Le choix de l'essence n'a aucune importance, pin, mélèze, acacia... faites potager de tout bois. Vous pouvez peindre le bois, mais toujours avec une peinture biologique, pour donner un côté flashy à votre potager.

Le **métal** a son mot à dire sur les balcons et les terrasses, brut ou peint, acier galvanisé ou acier, plein ou ajouré, aux coloris multiples, tous sont traités anticorrosion, comme il se doit. Pour autant, ils sont légers, environ 13 kg pour un potager de 80 litres.

Les **matières plastiques** ont un premier intérêt, leur faible poids, environ 2 kg pour un 55 litres. Mais ils ont aussi des lignes plus douces, plus design. Ils sont teintés dans la masse et offrent un plus grand nombre de coloris, acidulés notamment. Ils sont plus écolo-friendly qu'autrefois, inquiétez-vous du pourcentage de plastique recyclé entrant dans leur fabrication. Tous sont traités anti-UV, comme les poteries, pour résister dans le temps. Certains sont équipés d'un bac de récupération de l'excès d'eau d'arrosage.

Les petits plus

Certains potagers sur pieds ont un piètement ou une base, bien pratique pour placer le petit outillage, l'arrosoir, le pulvérisateur à main ou le nécessaire pour les semis. D'autres sont équipés d'une tablette latérale, tout aussi utile.

Quelques modèles sont équipés d'une serre, très pratique pour les semis précoces et aussi pour la protection hivernale. C'est loin d'être un gadget.

Signalons quelques jardins de balcon munis d'un bouchon ou d'un écrou de vidange dans le fond, pour vidanger l'eau en cas d'excès.

Un bel avenir pour votre potager

La culture sur balcon et terrasse est particulière par les conditions climatiques qui y règnent. Ce sont des lieux exposés à la chaleur, bien plus que dans un jardin de pleine terre. Les plantes cultivées « hors-sol », dans des contenants, sont plus sensibles au froid, aux vents…

Terrasse et balcon, une culture particulière

Vous ne pouvez pas choisir l'exposition de votre balcon, l'architecte en a décidé de son côté. La meilleure est celle qui suit la course du soleil, est-ouest, donc.
Au nord, votre balcon est le plus souvent à l'ombre.
Plein sud, il est baigné de soleil, mais il y fait chaud en été, rien de pénalisant à condition d'être attentif aux arrosages.
C'est sur un balcon où le soleil est « itinérant » au cours de la journée qu'on apprécie particulièrement les modèles de potagers sur pieds munis de roulettes. Si tel est le cas sur votre balcon ou votre terrasse, envisagez un modèle solide pour le déplacer tous les jours en fonction de la course du soleil. Les petits modèles, plus légers, sont conçus pour des déplacements occasionnels.

L'arrosage fait la différence

C'est sans conteste LE poste à surveiller de près. En plein été, arrosez tous les jours, quelquefois deux fois par jour, dans tous les cas à

l'aide d'un arrosoir de balcon, au long bec, pour apporter facilement l'eau au pied des plantes, sans mouiller le feuillage pour éviter les problèmes des maladies foliaires (l'oïdium ↑ en premier lieu, un petit feutrage qui finit par recouvrir tout le feuillage et fait se dessécher la plante).

Attention aux excès d'eau pour éviter le développement des pourritures dans le sol, car le petit piège est de profiter du bac de récupération du trop-plein d'eau, chez certains modèles de potagers sur pieds, pour en apporter trop d'un coup.

Bien nourrir vos légumes

Durant toute la première année, comme vous êtes consciencieux et que vous avez garni votre potager en hauteur avec le meilleur terreau comme je vous l'ai préconisé, vous n'aurez pas à apporter d'engrais, les plantes vivront sur le capital nourricier de départ. Mais en prévision de la deuxième année, et toutes les années suivantes, il est indispensable d'entretenir la fertilité du support de culture.

RÉCUPÉRER L'EAU DU CIEL ?

Souvent, sur un côté du balcon ou de la terrasse, se trouve une descente de gouttière. Il est facile de faire l'emplette dans un magasin de bricolage d'une dérivation, simple à poser, pour récupérer les eaux de pluie. C'est un réflexe très écocitoyen, mais je le déconseille en ville (mais pas seulement), car les eaux de pluie ruissellent sur les toitures et lessivent toutes les particules présentes sur les tuiles. Arrosez avec l'eau du robinet, les besoins sont si peu importants que vous ne verrez aucune répercussion sur votre facture.

Légumes-feuilles ou légumes-fruits ?

Un petit tour dans l'ouvrage vous indique que vous cultiverez principalement des légumes-feuilles, comme les salades, le basilic, le persil et les aromatiques de manière générale (qui réclament surtout de l'azote), et des légumes-fruits, comme les tomates et les fraisiers (qui ont besoin de plus de phosphore).

Faites au plus simple

Théoriquement, vous devez rééquilibrer le terreau en fonction de ces deux principaux éléments prélevés. J'ai bien dit théoriquement, car sur une aussi petite surface de culture, cela n'a pas grand sens. Pas plus que d'apporter au pied de chaque légume un engrais spécifique : en quelques arrosages, tout se mélange dans la hauteur de terreau. Laissez donc de côté ces considérations théoriques, trop souvent citées dans la littérature, par contre, soyez rigoureux pour restaurer les réserves nutritives globales du terreau.

Besoins spécifiques

Si vous cultivez une seule catégorie de légume sur tout un étage, et que vous comptez la

EN PRATIQUE

Chaque fois que vous libérez une place, griffez légèrement la surface et apportez un peu de terreau neuf. Et une fois par an, en automne, épandez du compost bien mûr.

cultiver de nouveau l'année suivante, soyez alors plus précis.
– **Pour les légumes-feuilles**, apportez des engrais organiques riches en azote (le N de NPK) en automne, car ils se décomposent lentement jusqu'au printemps, comme la corne broyée torréfiée ou pas (12.2.1), du sang de volaille séché (11.1.0) qui agit plus rapidement, en quelques semaines, ou des plumes broyées (13.2.1).
– **Pour les légumes-fruits**, évitez les arêtes de poissons (3.25.0), c'est un engrais très efficace, mais qui sent un peu fort. Utilisez plutôt un simple engrais tomates (2.3.6, ou approchant).

Le moins de traitements possible

Dans la mesure où vous avez respecté les deux consignes principales pour l'arrosage, vous éviterez les problèmes de maladies, et les traitements qui en découlent. Vous connaîtrez peut-être quelques problèmes spécifiques et ponctuels, comme le mildiou sur la tomate, mais ils sont liés à des conditions climatiques exceptionnelles, en l'occurrence, pour le mildiou, un excès d'humidité ambiante associé à une chaleur importante. Il existe ainsi des

« années à mildiou ». Traitez seulement ces problèmes occasionnels au cas par cas.
Le seul produit de traitement permanent à conseiller est celui contre les pucerons. Jardinez bio, bien entendu, et pulvérisez un produit à base de pyréthrines, c'est un insecticide végétal associé à une huile végétale, de colza la plupart du temps. Ce produit est proposé en pulvérisateur à main, très précis, qui permet une application ciblée. De plus, il est efficace contre les acariens (sur le fraisier, par exemple). Les acariens se manifestent surtout dans des situations de sécheresse et de chaleur, en été. Vous pouvez épargner vos cultures en maintenant une atmosphère humide, simplement en arrosant le sol ou les murs.

Potager en hauteur : *le champ des possibles*

Voici votre potager en hauteur monté, fixé, rempli de terreau est prêt à accueillir ses premières cultures. Avant de vous lancer, lisez ces quelques conseils.

Un brin de planification

Faites un rapide calendrier de plantation, même si vous ne le suivrez pas à la lettre, comme on le fait au potager. La place est comptée et vous devrez faire des choix, une contrainte inexistante pour un potager de pleine terre, même de petites dimensions, pour lequel, sur une surface de 400 m^2, vous pouvez presque tout cultiver.
Le jardinage sur balcon et terrasse se fait pour l'essentiel au printemps et en été, entre avril et septembre, une période où les cultures de toutes les plantes possibles se télescopent.

Des légumes, mais pas tous !

On l'a déjà signalé en début de ce livre, toutes les plantes qui se contentent d'une faible profondeur de terre, jusqu'à 40 cm, peuvent être cultivées dans votre potager sur pieds. À vous, donc, la culture d'un grand nombre de légumes, de plantes aromatiques et de fleurs. Pour le potager vertical, la hauteur de terreau est moindre, misez sur 20-30 cm. Cela oblige à restreindre un peu la liste ou à accepter que les plantes soient moins développées, mais les possibilités sont encore nombreuses.

Gare aux plantureuses

Un potager, c'est des légumes avant tout. Tenez compte de l'encombrement de la partie aérienne. Bien sûr, le bon sens commande d'écarter tout de suite les courges ou l'artichaut, mais réfléchissez aussi à d'autres espèces beaucoup plus petites. L'ail ou le poireau, par exemple, ont un système racinaire peu développé et pourraient *a priori* être cultivés dans votre potager, mais leur feuillage est bien encombrant pour un si petit jardin.

À plat ou en oblique ?

En fonction des dimensions et du port des plantes, prévoyez de les cultiver sur du plat, c'est le cas pour le bac du jardin sur pieds ou pour le dernier étage du jardin vertical.

Pensez « oblique », en plantant les espèces peu encombrantes et au port naturellement dressé dans les interstices du jardin vertical fait de palettes, sur le côté, elles se redresseront toutes seules ou pousseront légèrement couchées. Utilisez les grimpantes en retombantes, c'est autant de place gagnée.

À CHACUN SON RYTHME...

Privilégiez les légumes dont la rotation est courte entre le semis ou la plantation et la récolte. Le champion est sans conteste le radis de 18 jours (prévoyez plutôt un mois), ce qui vous permet de faire 5 ou 6 semis.

Les salades sont récoltées en 5 à 6 semaines après le semis sous la forme de feuilles à couper, et un peu plus de temps, si vous plantez un plant de quelques feuilles acheté en jardinerie.

Les vedettes du potager que sont les légumes-fruits (tomates, poivrons, aubergines...) sont en place pour toute la saison, soit 5 mois, depuis leur plantation en mai jusqu'aux dernières cueillettes en fin septembre.

Des plantes pour longtemps

A contrario, plantez des espèces pérennes. Cela concerne essentiellement certaines plantes aromatiques vivaces (menthe, thym, sarriette…) et espèces fleuries. Prévoyez qu'elles restent en place à demeure, au moins pendant plusieurs années.

Accordez-leur une place sur les bords du potager, dans ses angles, dans les recoins pour ne pas qu'elles gênent les annuelles à venir, qui changeront sans doute au gré de vos envies, d'une année sur l'autre.

Le moins possible de semis

La quasi-totalité des légumes (et des aromatiques) peuvent être multipliés par semis. Sachez vous passer de cette étape chaque fois que c'est possible en achetant des plants déjà poussés (nous le précisons pour chaque fiche de la seconde partie de l'ouvrage). Ceci pour trois raisons.

– D'abord, car vous avez souvent besoin de peu de plants, souvent un seul, et qu'il est inutile d'en produire trop.

– Ensuite, car cela demande de la place entre le semis et l'élevage des plants avant leur plantation, place qui fait déjà défaut sur votre balcon.

– Enfin, pour ne pas immobiliser de la surface de votre potager par de petites plantules, alors qu'il est plus judicieux de prendre le relais d'une culture par la plantation de jeunes plants.

Vous gagnez alors au moins un mois d'occupation de votre potager pour un autre légume.

Guidez votre imagination

La lecture de nombreux articles laisse penser qu'on peut produire toutes sortes de légumes sur son balcon. C'est vrai, à une

PAS TROP SERRÉ…

Comme au jardin, respectez les espacements, l'erreur courante est de planter trop serré, à trop vouloir cultiver de plantes.

POUR TOUS LES GOÛTS !

Dans la seconde partie de ce livre je vous propose des thématiques (légumes, herbes aromatiques et plantes du bien-être), en précisant quelquefois la limite de certaines cultures. Je vous conseille toujours le meilleur choix entre semis et plants, je vous donne des pistes qui ne sont pas exhaustives pour vous accompagner dans vos premiers pas dans ce jardinage un peu particulier. Dès la deuxième année, je ne doute pas que vous aurez suffisamment de connaissances en main pour poursuivre vos propres expérimentations.

grosse nuance près, c'est que les récoltes de beaucoup d'entre eux sont anecdotiques. Sauf à ne cultiver qu'elle, vous n'aurez pas une profusion d'aubergines, pas plus que de melons. Toutefois, le jardinage, c'est avant tout du plaisir, ne vous privez surtout pas de celui de produire quelques légumes dont la présence semble incongrue sur un balcon, juste pour la satisfaction de récolter un concombre, trois aubergines, deux poivrons... Nous consacrons une fiche à ces cultures potagères pour l'amusement (voir p. 86). De même, le potager en hauteur est aussi l'occasion de découvrir de nombreuses espèces peu cultivées, la plupart du temps trop peu proposées sur les marchés. Nous vous ferons découvrir la claytone de Cuba ou la brède mafane, le rau-ram ou le houttunya.

50 façons de se régaler…

BEETS

Légumes

Durée de vie

Annuelle, 3 semaines

Un jardin de radis

Le jardinier habile peut récolter des radis presque toute l'année. Dans votre petit potager en hauteur, concentrez la culture sur les mois d'avril à septembre et étirez la saison par ses deux bouts si votre potager sur pieds est équipé d'une cloche ; préférez alors les variétés dites « à forcer ».

LISTE D'ACHAT

✓ Des sachets de graines ou 1 ruban de graines

Quels radis choisir ?

Des radis, il en existe plein, on pense toujours aux petits radis rouges, mais il y en a aussi des blancs ou des jaunes. Il y a également les radis d'hiver, aux très longues racines, et les raves, mais oubliez ceux-là pour votre potager sur pieds. Limitez-vous à la culture des radis de tous les mois, ce sont les radis classiques, les plus connus, ceux à racine rouge le plus souvent à bout blanc.

Un jeu d'enfant !

La culture des radis de tous les mois est toute simple, la seule erreur à éviter : enterrer les graines trop profondément. Sinon, c'est inratable !

Pour les radis à racine ronde, couvrez tout juste les graines, tassez très légèrement et arrosez en pluie très fine. Pour les variétés à racine longues, enfoncez les graines à 1,5 cm de profondeur.

Semez en espaçant correctement les graines, elles sont suffisamment grosses pour y arriver, sachant qu'il faut 2 cm entre deux semences, la place nécessaire au développement de chaque radis. Après la levée, si votre semis est trop dense, rectifiez en éclaircissant pour laisser 1 à 2 cm entre deux plantules.

Un gramme de semences contient 120 graines, en vous appliquant, vous pouvez espérer une centaine de bons radis, ça vaut donc le coup de consacrer un peu d'attention au semis. Et si vous êtes grand amateur de ce petit légume, renouvelez les semis toutes les 3 semaines pour ne jamais en manquer.

DES RADIS DE 5 M DE LONG !

Facilitez-vous le semis de radis en utilisant les rubans de graines. Les semences sont déjà distancées et placées dans une double épaisseur de papier. Déchirez la bonne longueur de ruban, posez à la surface du terreau, recouvrez, arrosez, et en quelques jours, les plantules déchirent le papier et sortent de terre à bonne distance. Plus simple, il n'y a pas.

Par ici les bons radis !

Les variétés de radis de tous les mois sont très nombreuses. Restez classique en semant 'Flamboyant', un demi-long à bout blanc, qui ne creuse pas, **'National'**, rond rose à bout blanc, peu piquant, surtout si on le cueille jeune, 'De Sézanne', un rond rose à grand bout blanc qui représente les trois quarts de la racine. Surprenez vos amis avec 'Radis jaune d'or ovale', à racine longue de 4 à 5 cm, sa peau est jaune uniforme et sa saveur légèrement piquante. Chez les radis à forcer, que vous poursuivrez en saison en radis de tous les mois, semez **'De 18 jours'**, tout est dit dans son nom (sauf que je n'ai jamais réussi à le récolter en 18 jours pile !), ou **'Jaune d'or hâtif'**, à racine ronde légèrement en toupie. Mais, de manière générale, tous les radis sont bons à prendre, ils sont bons sauf s'ils manquent d'eau (attention en été !).

VOS RADIS PRENNENT DE LA COULEUR

Tous les cuisiniers le savent, il faut tremper les radis dans de l'eau glacée légèrement salée pour les rendre plus pimpants et pour fendre leur extrémité en quatre plus facilement. Ce que peu savent, c'est que la coloration des radis est plus intense et plus vive à pH légèrement acide. Ajoutez donc une grande rasade de jus de citron à l'eau de trempage.

Durée de vie

Bisannuelle cultivée en annuelle, 2 à 3 mois

Carottes courtes pour jardinier aimable

Quoi de plus ressemblant à une carotte qu'une autre carotte ? Que vous croyez ! Ne parlons même pas des carottes blanches, jaunes ou violettes qui ont ressurgi sur les étals des marchés ces dernières années.

LISTE D'ACHAT

✔ **Des sachets de graines, en jardinerie pour les courantes, sur le net pour les quelques variétés d'amateur.**

Quelles carottes choisir ?

Un coup d'œil vous permet rapidement de constater qu'il en existe des longues, des courtes et des intermédiaires (on parle de demi-longues et de demi-courtes). Vous avez déjà compris que vous devez tenir compte de la longueur de la racine pour la culture dans votre potager en hauteur. On peut ajouter que les variétés se distinguent aussi par la période de récolte : culture de primeur, de saison, récolte tardive pour la conservation. Dans votre modeste potager de terrasse, retenez seulement qu'il est plus raisonnable de vous en tenir à une culture entre mars et septembre, et que vous devez opter pour les carottes à racines courtes et demi-courtes.

Un sol tout en légèreté

Les carottes poussent facilement et donnent de belles racines régulières dans un sol léger, les récoltes de choix se font même dans des sols sableux. Dans votre potager sur pieds, le terreau de remplissage sera suffisant en qualité ; en principe, il est déjà allégé d'un peu de sable par le fabriquant, vous pouvez déceler les grains à l'œil nu dans le mélange de culture. Entre mars et août, semez clair et de manière homogène, et recouvrez peu les graines, tassez légèrement pour assurer un bon contact avec la terre et arrosez en pluie fine. Patientez, la levée est assez lente, une vingtaine de jours. Lorsque les plants ont 4 feuilles, éclaircissez pour en laisser un tous les 3 cm dans tous les sens. Par la suite, vous ferez un second éclaircissage pour donner 6 cm entre deux carottes.

OCCUPEZ LE TERRAIN

Pour une bonne gestion de la surface de votre potager, semez en même temps des radis et des carottes. Vous récolterez les premiers pour laisser la place aux secondes qui seront tout juste sorties de terre. Et comme la législation est un peu bizarre et interdit de commercialiser des mélanges de graines de légumes différents (à l'exception du mesclun), vous devrez faire votre mélange de semences vous-même, en égales parties.

Les bonnes variétés

Puisque vous semblez aimable même sans manger de carottes, on vous dit tout sur les bonnes variétés.
La plus facile parmi les racines courtes est **'Marché de Paris'**, on la connaît aussi sous son nom de 'Grelot', inutile de la secouer, elle ne fait pas « ting-ting », c'est le nom de son obtenteur). Aujourd'hui, le nom désigne un type de carotte et non plus seulement la variété. Vous trouverez facilement **'Parmex'**. Semez aussi **'Courte hâtive Bellot'**, elle vient rapidement en 2 mois à 2 mois et demi, et **'Mignon'**, c'est celle utilisée pour la production de mini-légumes. Dans les régions les plus froides, semez 'Rouge sang', une demi-courte trapue et conique, à peau violette et à chair rouge.
Dans la catégorie des demi-longues, inutile de faire compliqué, restez dans l'assortiment des sachets de votre jardinerie, 'Amsterdam', 'Nantaise améliorée', 'Touchon', 'Chantenay' et 'Royal Chantenay', 'De Carentan'. De toute façon, la qualité de vos carottes dépendra surtout de la régularité de la culture, c'est-à-dire de celle des arrosages.

CAROTTES PRÉCOCES

Si vous avez la chance de jardiner dans les climats les plus doux du sud du pays, semez en octobre-novembre ou en janvier-février au plus tard, recouvrez votre potager sur pieds de son couvercle de protection et récoltez les carottes primeurs dès avril.

Durée de vie

Vivace, 3 à 4 ans

Fraisier : un morceau d'Éden sur votre balcon

Pour une fois, pas de doute, le potager en hauteur de votre balcon n'a pas à rougir : il tient les mêmes promesses qu'un potager de pleine terre. Il n'a pas à rougir, sauf lorsqu'il se couvre de nombreuses fraises. À vous, les bols de bons fruits, les confitures, les gelées, comme au jardin !

LISTE D'ACHAT

✓ Des plants des variétés retenues

Comme au jardin

Au jardin, ce petit fruitier aux racines peu profondes est productif dans une faible épaisseur de terre, à condition qu'elle soit riche et légèrement humide, et qu'il pousse à bonne exposition, ensoleillée et protégée. Des conditions faciles à transposer sur votre balcon.

Plantez des plants en godet, c'est peu dire que vous avez le choix, les offres sont nombreuses, et toutes les fraises sont bonnes lorsqu'elles sont cueillies à point, c'est le grand avantage de la culture au jardin. Toutes sont bonnes, mais il y en a des meilleures.

De préférence en automne, avant le froid, ou en début de printemps, plantez un plant tous les 30 cm environ, en laissant le collet (le point d'où partent les feuilles) légèrement au-dessus du sol. C'est tout !

Lors des arrosages, prenez bien le soin d'apporter l'eau au pied sans mouiller le feuillage pour éviter le développement des maladies cryptogamiques.

Les bonnes fraises

Les variétés de fraisiers se partagent entre non-remontantes (qui ne produisent qu'une fois dans la saison) et remontantes (qui assurent deux récoltes, une première jusqu'en juillet, puis une seconde à partir d'août, jusqu'à octobre et quelquefois jusqu'aux premières gelées).

DES FRAISIERS SAINS

Ricanez sans vergogne, les limaces et les escargots qui s'en prennent aux fraisiers dans les jardins n'ont pas accès à votre carré gourmand bien à l'abri, en hauteur. Par contre, restez vigilant sur les problèmes sanitaires classiques. Dans les périodes chaudes, les acariens peuvent faire des ravages, il suffit d'arroser (au pied pour rappel) pour dispenser une atmosphère humide autour des plants, cela suffit en général. Les feuilles jaunissent et les nervures restent vertes ? Il s'agit de la chlorose, une affection due à la mauvaise assimilation du fer, plus qu'à son manque. Appliquez un produit anti-chlorose du commerce. Trop de pluie, la pourriture grise (ou botrytis) se rappelle à vous, elle s'en prend aux fruits, puis aux plants. Pour la limiter, faites une application de bouillie bordelaise (version incolore pour votre balcon), début mars, au démarrage de la végétation.

Chez les non-remontantes

Cultivez les délicieuses variétés actuelles. **'Gariguette'** est la star incontestée qui nous a fait redécouvrir le vrai goût de la fraise, au parfum inégalable, à chair légèrement acidulée et musquée. Si vous la trouvez trop acidulée, penchez alors pour **'Ciflorette'**, une fraise de taille moyenne, à chair ferme et juteuse, sucrée. Plantez aussi **'Angelina'**, une amélioration de 'Gariguette' créée en 1977, très précoce, vigoureuse et plus productive que sa parente, peu sensible aux maladies, c'est une fraise allongée, de bonne qualité gustative. Par correspondance, vous trouverez facilement **'Madame Moutot'**, une très ancienne variété française aux énormes fruits goûteux, **'Surprise des Halles'**, rustique et résistante aux maladies, et **'Blanche-Ananas'**, tout est dit dans le nom de cette très ancienne fraise qui nous vient du XVIIIe siècle.

Chez les remontantes

Cultivez **'Charlotte'**, aux gros fruits rouge sang, **'Mara des bois'**, qui rappelle une petite fraise des bois par sa saveur et son parfum, un régal. Plantez 'Gento', un grand classique depuis presque 60 ans, pour l'amateur.

Durée de vie

Vivace, 3 à 4 ans

Fraises des bois : *promenade gourmande sur le balcon*

Pendant longtemps, il fallait courir les sous-bois et les clairières pour se régaler des petites fraises des bois si parfumées. Puis elles furent accueillies dans les potagers avant d'être détrônées par les grosses fraises des jardins. Tout est cyclique, même le jardinage : les voici de retour.

LISTE D'ACHAT

✔ **Des plants et encore des plants, car en général, les fraisiers des bois ne donnent pas de stolons pour pouvoir les multiplier. Éventuellement, des sachets de graines (le semis est facile et les plants produisent l'année même, mais c'est bien plus de tracas).**

Un gros costaud sur votre balcon

Outre que les fraisiers des bois donnent des petits fruits d'une saveur sans égale, ils sont peu malades, rustiques et de culture facile. Habituellement, on les cultive en pot et en suspension, mais un grand carré dans votre potager en hauteur assurera des rendements autrement plus importants.

Le fraisier des bois résiste bien au froid, il pousse jusqu'à 1 700 m d'altitude. Lors d'hiver rigoureux, toute la végétation disparaît, mais elle renaît dès le printemps, comme c'est souvent le cas des vivaces de montagne. Sur votre balcon ou votre terrasse, il se sentira donc très à son aise ; *a contrario,* vous devrez le protéger du soleil et de la chaleur intense, simplement en déplaçant votre potager sur pieds dans le coin le plus ombragé et le plus frais.

Laissez 30 cm entre deux pieds, en début d'été, la végétation recouvrira toute la surface du potager sur pieds.

Maintenez le terreau assez humide en permanence, toujours en arrosant au pied. Les arrosages doivent être réguliers dès la floraison et pendant le grossissement des fruits.

Dès la deuxième année, apportez un engrais pour fraisiers entre mars et juin en respectant les doses d'emploi.

Les fraisiers des bois sont moins sujets aux maladies et aux parasites. S'ils se manifestent, reportez-vous à la fiche des fraisiers (voir p. 39).

FRAISE BLANCHE

Merci aux passionnés qui ont préservé **'Belle de Mai'**, vous pourrez la trouver auprès de producteurs spécialisés. C'est une excellente fraise des bois de couleur blanche, délicieuse, charnue et juteuse.

Les bonnes variétés

Dans le commerce, le terme générique de « fraisier des bois » recouvre un assortiment large d'espèces et de variétés, pas toujours bien identifiées. Vous les trouverez plus facilement sur les sites marchands du net auprès des horticulteurs spécialisés dans les petits fruitiers.

Sous l'appellation variétale **'Fraise des bois'** se cachent plusieurs fraisiers, la seule certitude que vous aurez, c'est de cueillir dans tous les cas de très bons fruits, riches en arômes et en goût, c'est le principal.

'Blanche des bois' est assez proche de **'Reine des Vallées'**, toutes deux donnent des fruits allongés, de couleur ambrée, très parfumés.

'Capron Royal' est bien un fraisier des bois, même s'il est souvent proposé parmi les fraisiers de jardin. Sa végétation est vigoureuse, ses feuilles larges, et les fruits rouges de taille moyenne, à la chair beurrée et blanche, juteuse, parfumée et fondante.

CHANGEZ TOUT !

Avec une fertilisation soutenue, les fraisiers des bois sont en place dans votre potager pour de nombreuses années. Mais il arrive que les récoltes chutent très sensiblement au bout de 4 ans. C'est le moment de renouveler vos plantations.

Durée de vie

Bisannuelle cultivée en annuelle, 2 mois

Navets : le bon par la racine

Le navet prend toutes ses lettres de noblesse en cuisine lorsqu'il est cueilli jeune. Il est tendre, fruité, pas encore fibreux. Produit sur le balcon, on peut, après tout, le considérer comme un gros radis. Encore un petit privilège possible accordé par votre potager en hauteur.

LISTE D'ACHAT

✓ Des sachets de graines des variétés retenues

Particulièrement adapté

Le navet s'ajoute à la petite liste de légumes à racines courtes à cultiver sur les balcons et les terrasses. Vous pouvez lui consacrer tout ou partie de la surface de votre potager, mais aussi diviser la place disponible pour le cultiver aux côtés des betteraves, des radis et des carottes.

Facile et rapide, le navet !

Contentez-vous de la culture des navets de printemps-été, en semant entre mars et juin, sachant que la récolte se fait en général 2 mois après le semis. Mais il est conseillé de récolter avant la complète maturation.

Semez sur toute la surface, recouvrez peu les semences sous 1 cm de terreau, arrosez en pluie fine et régulièrement, ceci tout au long de la culture, c'est le secret de la réussite pour éviter les navets creux.

Au stade 2 ou 3 feuilles, éclaircissez pour laisser 10 cm entre deux plants.

Choisissez seulement deux variétés à la fois (1 g de semences contient de 450 à 700 graines !). Presque toutes sont possibles pour la culture sur balcon, mais préférez les variétés à racines plates, celles à racines rondes ou allongées, et cueillez les navets jeunes.

Mildiou, hernie, mouche du navet et altises, oubliez tout : sur le balcon, le navet est très rarement malade, à condition de bien arroser au pied.

'JAUNE BOULE D'OR'

Avec le panais et les carottes violettes ou blanches, le navet **'Jaune Boule d'Or'** est devenu une des stars de nos pot-au-feu. N'attendez pas l'hiver pour le cuisiner, cueillez-le jeune dès que sa racine a un diamètre de 7 ou 8 cm pour apprécier sa chair goûteuse (mais un peu molle), simplement en sauté de petits navets.

Les bons navets

'De Milan' est une race de navet à racine aplatie, de taille moyenne, lisse, de forme très régulière. À maturité, elle est peu enterrée et semble presque posée à la surface du sol. Semez 'De Milan blanc' et 'De Milan rouge', à collet violet. Les deux sont délicieux en navets primeurs de printemps. Votre potager a une hauteur de terre suffisante pour **'Demi-long de Croissy'**, un des plus rapides à former sa racine, à épiderme blanc, lisse, régulière. Sa chair est un peu sucrée et reste ferme à la cuisson. Cultivez **'Blanc plat hâtif à feuilles entières'**, au feuillage peu abondant, peut-être le plus précoce de tous, pour sa racine épaisse, légèrement arrondie. À l'inverse, **'De Norfolk à collet rouge'** a un feuillage abondant, dressé, porté par de forts pétioles, que vous pourrez ajouter à vos soupes et potages. Sa racine sphérique, légèrement déprimée, d'un blanc pur, a une chair tendre, un peu aqueuse et sucrée.
Et aussi… 'Des Vertus Marteau', 'Rouge plat hâtif à feuille entière' et 'De Nancy à feuille entière'.

FORCEZ LE NAVET

Votre potager sur pieds est complété par sa cloche de protection, profitez-en pour allonger la période de culture du navet. Semé en été et jusqu'en septembre, vous le récolterez jusqu'à l'entrée de l'hiver. Cultivez **'F1 Tokyo Top' ↑**, un petit navet rond et entièrement blanc, de 5 à 7,5 cm de diamètre. Sa chair croquante et ses feuilles comestibles, à consommer comme des épinards, ne sont pas ses seules qualités : c'est aussi le plus rapide à pousser, en 50 jours environ.

Durée de vie

Annuelle, 4 à 5 mois

Piments forts : planquez vos papilles !

Un légume, deux faces. Le paisible poivron et le brûlant piment sont les deux expressions d'une même plante. Si le premier est peu productif pour la culture sur balcon, le second l'est d'autant plus que quelques fruits sont suffisants à mettre le feu en cuisine.

LISTE D'ACHAT

✔ Des plants déjà prêts (à partir de mars-avril en jardinerie pour les plus courants), sinon des sachets de graines pour les autres

Faut-il faire dans la variété ?

On peut se demander s'il est judicieux de cultiver un assortiment large de variétés de piments, j'avoue que, passé un certain seuil très vite atteint, la différence de force est difficilement décelable. Quant à comparer les nuances fruitées de l'une et de l'autre… Mais il est tout de même intéressant de découvrir un monde plus varié qu'on pourrait le croire. Et puis, vous pouvez vous contenter d'en cultiver un seul pied dans votre potager sur votre balcon ou votre terrasse ou même un pot à placer à côté. Enfilez vos gants de jardinier ignifugés, on y va !

De la chaleur, encore

Inutile de revenir sur la plantation de plants en godet : un trou, un plant, et c'est fait, à partir d'avril-mai. Tenez compte seulement des dimensions finales, entre 30 et 70 cm selon les variétés.

Par contre, démarrez plus tôt les semis au chaud, à 20 °C au moins, ceci dès le mois de février, à l'intérieur de la maison. Pour éviter les manipulations ultérieures, semez dans des plaques alvéolées, à raison d'une graine par alvéole. Enterrez peu les graines sous 1 cm de terreau, pas plus. Maintenez la culture au chaud, arrosez régulièrement et, lorsque les plants mesurent 4 à 5 cm, rempotez en godet de 5 à 7 cm de côté. Conservez jusqu'à la plantation, en mai de manière générale.

Vous récolterez les premiers fruits 4 à 5 mois après le semis. Puis rendez-vous l'année suivante pour cette plante annuelle.

MAIS POURQUOI SONT-ILS SI MÉCHANTS ?

Graduer la force des piments est une histoire ancienne. Le premier à donner une échelle qui porte son nom en 1912 est Wilbur L. Scoville, graduée de 0 à 10. Depuis, des dosages de capsicaïne en laboratoire (c'est la molécule responsable de la sensation de brûlure) l'ont remplacée. Pour information, le placide poivron affiche un 0 rassurant, la capsicaïne pure, 15 millions de degrés Scoville. On vous propose des graines de 'Carolina Reaper' ? Fuyez, cette variété volcanique est créditée de 2,2 millions de degrés Scoville ! Le record mondial pour le moment.

La plante qui mord quand on la mord

Vous brûlez d'envie de connaître les bonnes variétés de piments ? Les voici ! **'De Cayenne'**, incontestablement le plus connu ; sous cette appellation, on trouve en fait plusieurs variétés aux fruits longs, étroits et pointus, d'un beau rouge. **'Sucette de Provence'**, un petit piment rouge du sud de la France, de 10 à 12 cm, très effilé et pointu. **'De la Bresse'**, comme quoi le piment n'est pas que mexicain ! Bien moins piquant que 'De Cayenne', **'Boule de Turquie'**, de la taille d'une petite cerise, rouge vif, **'Jalapeno'** et **'Tabasco'**, celui de la fameuse sauce. Et bien sûr, **'Piment oiseau'** ou 'Langue d'oiseau', encore appelé 'Pili-Pili', celui qui donne les petits piments séchés qui surnagent dans l'huile pour assaisonner la pizza. On ne s'étendra pas sur les comparaisons entre les variétés, tous affichent une force de 8 à 10 sur l'échelle de Scoville (voir encadré du haut).

FAITES VOS GRAINES !

Dès la fin de la première année, vous récupérerez vos semences pour les années suivantes. Mettez un ou deux fruits à sécher à l'ombre, ouvrez-les lorsqu'ils sont entièrement secs et ensachez les graines.

Voir **Poivron** p. 73 et 88.

Durée de vie

Bisannuelle cultivée en annuelle, 3 mois

Betterave : oubliez la cantine !

Une betterave, ce n'est jamais qu'une sorte de gros radis, du moins du point de vue du jardinier. Sa culture est facile, assez rapide, le potager sur pieds est l'occasion de la découvrir et de se réconcilier avec ce légume malmené par les cantines.

LISTE D'ACHAT

✔ Des sachets de graines des variétés retenues

En mélange

Un potager sur pieds entier consacré aux betteraves, c'est peut-être un peu trop monotone, vous pouvez les cultiver en même temps que les navets, les radis et les carottes courtes, la culture et les besoins sont pratiquement les mêmes pour tous ces légumes.

La betterave tranquille

Donnez un bon terreau aux betteraves, sinon apportez un engrais organique en surfaçage 2 à 3 semaines avant le semis. Semez entre avril et mi-juin, et prévoyez 30 à 40 cm d'espacement pour qu'elles aient la place de s'épanouir. Déposez 3 ou 4 semences (ce sont en réalité des fruits renfermant plusieurs graines, ce qui vous obligera à un éclaircissage, on parle de « démariage ») tous les 20 cm, à 2 cm de profondeur. Lorsque les plants ont 2 ou 3 feuilles, éclaircissez pour laisser un plant tous les 12 à 15 cm.

Maintenez le sol frais en permanence, paillez éventuellement avec des paillettes de lin ou de chanvre en été, et placez à exposition bien ensoleillée. Récoltez environ 3 mois après le semis.

La liste des maladies et des parasites qui s'en prennent à la betterave est longue, mais rassurez-vous, elle concerne la production à grande échelle. Sur votre petit potager, surveillez seulement l'oïdium sur les feuilles et arrosez toujours au pied.

'CRAPAUDINE' : LA CHOUCHOU DES CUISINIERS

Au jardin, elle a besoin d'une bonne profondeur de terre, car sa racine pivotante est longue, de 20 à 25 cm. Mais au potager sur pieds, récoltez-la jeune, sitôt qu'elle mesure 15 cm, pour apprécier sa chair savoureuse, tendre, sucrée, d'un beau rouge. Sa peau est rugueuse et crevassée, et donne à cette betterave son nom peu ragoûtant.

Les bonnes betteraves

Tout ce qui est nommé **'De Détroit'** est bon à prendre en matière de betteraves à racines globuleuses rouges, 'Ronde de Détroit', 'Détroit', 'Détroit améliorée', oubliez que cette ville américaine est consacrée à l'industrie automobile. **'Noire plate d'Égypte'** (encore nommée 'Noire d'Égypte') semble posée sur le sol, au moment de la récolte. Sa chair rouge violacé est excellente. **'Tonda di Chioggia'** ↑ rappelle que l'Italie est l'autre pays des bonnes variétés légumières. Sa chair est originale, rouge, marquée de cercles concentriques rouge foncé.

Une betterave, ce n'est pas toujours rouge, cultivez les variétés à racines jaunes comme **'Burpee's Golden'**, ronde avec un bel épiderme doré à chair devenant jaune à la cuisson. Son goût est sucré. Semez **'Boldor'** pour sa racine en toupie, à chair blanche marquée de cercles jaune vif. Quelques betteraves sont blanches, on pourrait les prendre pour des navets. Semez **'Albina Vereduna'**, une toupie blanche à collet vert, on mange également ses fanes crues ou cuites dans les potages.

LA BETTERAVE À MOINDRE EFFORT

On commence à trouver quelques variétés monogermes, ne produisant qu'une graine par semence, ce qui supprime le démariage. Si vous en trouvez, semez **'Monorubra'**, sa racine est longue, cylindrique, rouge foncé, sa chair ferme et de bonne qualité. Idéale pour les crudités et le jus.

Durée de vie

Annuelle, 4 à 5 mois

Pas un potager *sans tomates !*

Un potager sans tomates ? Ce n'est même pas la peine d'y penser. Fort heureusement, même s'il n'est pas aussi vigoureux qu'en pleine terre, on peut cultiver ce légume de choix sur les balcons et les terrasses. S'il n'y a qu'une culture à faire dans votre potager en hauteur, c'est bien celle-ci.

LISTE D'ACHAT

✓ Des sachets de graines et des plants des variétés de votre choix

Faire simple ou pas ?

Le premier choix à faire est entre une culture avec le moins de contraintes possibles (pour résumer, vous achèterez des plants au dernier moment) et une culture sur le mode expert (vous ferez alors toutes les étapes, depuis le semis). L'avantage de la seconde méthode est de pouvoir découvrir tout un tas de variétés étonnantes. La limite de la première est de se contenter des classiques. Et pour réconcilier tout le monde, je conseille de commencer la première année par le moindre effort, pour faire votre apprentissage, et de réserver les semis à partir de la deuxième année.

Semis : de la chaleur, impérativement

Voyez d'abord si vous avez la place de conserver les plants pendant 2 à 3 mois à l'intérieur, dans l'attente de la plantation au mois de mai, avant de choisir le semis. En février-mars, semez au chaud, au moins à 20 °C, en déposant 3 graines dans chaque godet de tourbe compressée, sous 1 cm de terreau. Tassez légèrement, arrosez en pluie fine. Placez dans une mini-serre. La levée est rapide, en 8 à 10 jours. Éclaircissez sans attendre, sinon les plants s'étiolent rapidement, pour conserver le plant le plus robuste et placez dans un endroit bien éclairé. Élevez jusqu'à la plantation.

Riche et léger

Un plant de tomate a besoin d'un cube de terreau de 30 cm de côté au moins (50 cm, c'est mieux), pour bien pousser, et d'un terreau riche et léger à la fois. Pour une première culture, remplissez votre potager sur pieds avec un terreau enrichi en fumier ou ajoutez 30 % de son volume avec un bon compost. Les terreaux du commerce semblent toujours satisfaisants, mais à l'usage, ils se tassent, se compactent et la tomate n'apprécie pas du tout. Il est conseillé de les alléger de 20 % de perlite, de vermiculite ou de billes de polystyrène expansé, et notez tout de suite que cela vous oblige à une plus grande régularité dans les arrosages.
Plantez en inclinant la base du plant pour augmenter la surface de contact avec la terre. Dans cette zone, le plant va produire des racines adventives qui lui donneront un gain de vigueur. S'il s'agit de vos plants produits comme indiqué plus haut, plantez avec le godet de tourbe, sans dépoter.
Au moment de la plantation des tomates, tuteurez et attachez les plants sans les serrer, sauf pour les variétés naines (tomates-cerises, notamment).
Donnez une exposition ensoleillée et dégagée, ne plantez rien à moins de 30 cm de chaque plant.

LA FAUSSE BONNE IDÉE

Planter un pied d'œillet d'Inde pour protéger les plants de tomate, c'est une bonne idée au jardin, la petite plante fleurie éloigne les nématodes, des petits vers parasites quelquefois présents dans le sol. Mais c'est inutile pour la culture en bac, sur les balcons et terrasses : un terreau du commerce neuf en est dépourvu.

Quelques soins, mais pas plus

Le premier poste à surveiller est celui des arrosages : arrosez toujours au pied sans éclabousser les feuilles pour limiter le développement de maladies à champignons (le mildiou, principalement). Déposez un paillage propre et neuf. Pour le peu de surface de votre potager sur pieds, achetez un petit sac de paillettes de lin ou de chanvre.
Ignorez les maladies, seul le mildiou peut faire des dégâts lors d'années exceptionnelles, mais alors, tous les jardins sont touchés. Vous pouvez le limiter en déplaçant votre potager dans un endroit bien aéré à légèrement venté pour éviter le confinement.
Vous n'avez plus qu'à patienter jusqu'au moment béni de la récolte, à partir de juillet et jusqu'à fin septembre. Si vous renouvelez la culture l'année suivante, dans le même terreau, soutenez la croissance par des apports d'engrais pour tomates tous les 15 jours, à ajouter dans l'eau d'arrosage.

La taille

Certaines variétés sont à croissance déterminée, elles arrêtent de croître après la formation de 2 ou 3 bouquets de fleurs, elles n'ont donc pas besoin de taille, mais la plupart des tomates sont à croissance indéterminée : elles poussent, fleurissent et fructifient en continu, tant qu'il fait suffisamment chaud. Il est vivement conseillé de les tailler, pour maintenir les plants assez bas, mais aussi, car la production d'un feuillage abondant se fait au détriment du grossissement des fruits. Appliquez la méthode simple et passe-partout consistant à couper après le 4e bouquet de fleurs, au-dessus de la dernière feuille.

Les bonnes tomates

Pas facile de faire son choix parmi les milliers (on dit bien les milliers !) de variétés existantes. Petite consolation, toutes les tomates sont bonnes lorsqu'elles sont cueillies à parfaite maturité et consommées sans attendre : vous allez rapidement comprendre l'intérêt de les produire chez vous, des comme ça, il n'y en a pas sur les marchés ! C'est que la cueillette se joue quelquefois à une demi-journée : la tomate ignorée le matin peut se révéler à point le soir venu. Je vous ai fait une petite sélection pour démarrer votre apprentissage.

Les tomates-apéritif

On désigne par cette catégorie toutes les variétés donnant de petits fruits, de 10 à 40 g. Souvent, les plants achetés déjà poussés ne font pas état de la variété, c'est dommage, car les différences de goût sont évidentes. Oubliez tout ce que vous avez mangé comme tomates-apéritif achetées sur les marchés, laissez-les bien mûrir sur pied (elles doivent se détacher toutes seules lors de la cueillette) et vérifiez que les meilleures sont celles de la fin de saison, légèrement confites sur pied.
Lors de la plantation, excentrez légèrement les plants et faites cascader le buisson hors du potager sur pieds. Lorsque vous serez incollable sur le semis, cherchez les variétés suivantes, elles méritent vraiment une attention particulière. Pas de taille, pas de soins, ce sont les tomates à cultiver sur balcon pour débutant.

'Prune noire'

'Banana legs'

'Poire jaune'

'Marmande'

'Groseille Rouge' : elle donne une multitude de petits fruits sphériques de 2 g, d'un beau rouge lumineux, rassemblés en grandes grappes. Peau un peu épaisse, elle contient beaucoup de graines pour un si petit fruit, mais le plaisir qu'on a à les picorer est sans égal.

'Poire jaune' : ses fruits en forme de poire, de 10 g, rassemblés en grappes de 6 à 8, sont reconnaissables entre tous. Verts, vous pouvez les confire, mais c'est un peu dommage, alors qu'à maturité, ils sont croquants, sucrés et très fruités. Existe en 'Poire rouge'.

'Green Grape' : une tomate parfumée, d'excellente qualité gustative, à apprécier en salade, en crudité, en garniture pour les brochettes, mais aussi en confiture. Nombreux petits fruits de 20 g environ, de forme globuleuse, légèrement allongée. L'épiderme est vert jaunâtre, plus intense au niveau du pédoncule. Chair juteuse et fruitée, sucrée et acide à la fois.

'Prune noire' : petits fruits ovales de 25 à 30 g, à l'épiderme rouge teinté plus ou moins uniformément de bronze presque noir. La chair est très ferme et douce, légèrement acide, de qualité gustative satisfaisante, mais sans plus ; toutefois, les fruits très croquants sont appréciés à l'apéritif. À consommer bien mûrs pour éviter leur acidité.

'Miel du Mexique' : variété intéressante, car mieux adaptée à la sécheresse et aux grosses chaleurs, donc indiquée pour les terrasses. Petits fruits, de 15 à 20 g, ronds et réguliers, d'un rouge uniforme et luisant. À utiliser en crudité, pour les brochettes et la décoration des plats, mais aussi en confiture et en conserve, car sa chair est douce, sucrée et un peu acidulée.

Les tomates à fruits moyens à gros

Pour avoir couru les marchés, vous connaissez sans doute les vedettes des variétés curieuses, comme 'Green Zebra', 'Noire de Crimée', 'Cœur de bœuf' (la vraie en forme de cœur et la fausse, côtelée) ou encore 'Ananas', la grosse jaune. Toutes ses variétés sont disponibles à la culture potagère. Mettons l'accent sur d'autres.

'Marmande' : son principal atout est d'arriver à bonne maturité dans les régions peu chaudes et peu propices à la culture de la tomate. Robuste et productive, elle donne de gros fruits réguliers de 150 à 250 g. Chair dense, ferme, tenant bien à la cuisson, sucrée et goûteuse.

'Rose de Berne' : de l'avis des amateurs, c'est la meilleure de toutes, et si elle se prête à tous les usages en cuisine, dégustez-la crue. Ses fruits sont parfaitement globuleux, rouge lavé de vert, de 120 à 150 g, à récolter bien mûrs.

'Aunt Ruby's German Green' : les jardiniers sont généralement des gens paisibles, mais certains contestent le titre de meilleure tomate à la précédente pour l'accorder à celle-ci. Ses gros fruits de 200 à 400 g sont vert clair, mais attendez que le dessous vire au jaune ou au rosé pour la cueillir. La chair est abondante, d'excellente saveur, sucrée et épicée.

'Royale des Guineaux' : tomate ronde légèrement côtelée, de 150 à 200 g, à chair juteuse et ferme à la fois, de très bonne saveur avec un arrière-goût parfumé. À consommer crue pour en apprécier toutes les nuances.

'Banana legs' : une petite tomate originale, de 45 à 75 g, en forme de banane, caractéristique, de 10 cm de long et 3 cm de diamètre. Sa peau est jaune vif, uniforme ou légèrement veinée de vert. La chair est jaune, peu acide et décorative dans les salades. Bonne productivité et récoltes prolongées.

FAITES VOS GRAINES !

Une fois la tomate de vos rêves dénichée, ne courez plus après ses graines, faites vos propres semences (attention, ça ne marche pas avec les hybrides F1, la mention est indiquée sur les sachets). Choisissez le plus beau fruit, récupérez les graines dans leur jus et leur pulpe. Placez dans un verre, couvrez d'une gaze et laissez en plein soleil pendant 2 à 3 jours. La fermentation donne un feutrage à la surface. Rincez dans un tamis, faites sécher et ensachez. Les graines conservées au sec, au frais et à l'abri de la lumière gardent leur pouvoir germinatif pendant 4 ans.

Durée de vie

Annuelles, 3 mois

Les bonnes laitues pour les balcons

Préparez le saladier et la vinaigrette : vous allez faire pousser des salades sur votre balcon. Fini de rêver aux belles lignes de laitues du potager, la culture est légèrement différente, et surtout terminé de faire la chasse aux escargots et aux limaces, le potager en hauteur les décourage de partir à l'assaut des feuilles tendres.

LISTE D'ACHAT

✔ Des sachets de graines et des plants

Quelles salades ?

Jusqu'alors, on préconisait, pour les balcons, de cultiver des salades pommées, les plus connues sont les belles laitues bien rondes en pot (enfin, une laitue par pot) désormais, dans le potager en hauteur, les rendements sont assimilables à ceux d'un petit jardin. Les laitues, mais aussi les chicorées et les scaroles, peuvent être produites dans le jardin vertical, les salades à couper dans sa partie haute ou dans le potager sur pieds. À vos sachets.

Une culture simple et rapide

Les premiers semis peuvent se faire en fin février-mars, selon le climat, puis jusqu'en mai. Lorsque les plants ont de 4 à 6 feuilles, repiquez les laitues. Sinon, plantez des plants en motte, dès les mois de mars-avril, puis tous les 15 jours, pour échelonner les récoltes. Question arrosage, ni trop, ni trop peu ; dans le premier cas, les pourritures s'en mêlent, dans le second, la croissance peine. Maintenez le terreau tout juste humide, mais en permanence.

Les salades pommées sont récoltées un peu avant le complet développement, car elles sont toujours plus petites que les mêmes cultivées en pleine terre au jardin. C'est donc l'affaire de 3 mois environ pour cueillir la salade promise, en la coupant au ras de la racine. Un coup de couteau, et tout est dit.

DES CHÊNES SUR VOTRE BALCON, OU PRESQUE

Les feuilles de chêne, vous connaissez, et peu importe si ce ne sont pas les vraies qui sont désormais proposées au marché comme dans les sachets de graines pour le potager. La véritable 'Feuille de chêne' se fait rare, mais vous trouverez sans difficulté deux de ses améliorations, **'Salad Bowl'** et **'Red Salad Bowl'** ; en version verte ou rouge, elles sont pratiquement aussi bonnes et poussent facilement.

On vous les recommande

Les variétés de **laitues pommées** sont très nombreuses, restez classique en élevant 'Appia', elle pomme facilement, c'est une belle salade aux feuilles bien vertes et goûteuses. Cultivez aussi 'Babylon', chez les laitues à feuillage rouge, une laitue beurre extra-tendre. Attention aux arrosages : en cas de manque d'eau, elle flétrit rapidement. Plantez un plant tous les 15 jours pour étaler les récoltes.

Parmi les **laitues batavias**, semez ou plantez 'Ascona', au cœur dense mais ouvert, comme celui d'une rose en train de s'épanouir. Ses feuilles fortement teintées de rouge sont croquantes. Cultivez aussi 'Robinson', ses feuilles sont fermes et sa pomme assez volumineuse, même en pot, est bien serrée. Un peu de patience : attendez qu'elle se forme bien avant de la cueillir.

Les **laitues à couper** sont nombreuses, semez 'Lollo bionda' ou 'Lollo rossa', très frisées ; en version verte ou rouge, elles sont tendres et de bonne saveur. 'Magali', assez proche, est aussi décorative que bonne à goûter avec son feuillage brun-rouge, très découpée. Semez 'Brunia' pour ses feuilles savoureuses en forme de feuilles d'érable.

Durée de vie

Annuelles, 3 mois

Un hiver de salades

L'assortiment des légumes d'hiver est bien moindre que celui de l'été, la période au potager où les récoltes sont plus importantes et variées. Aussi, les salades cueillies pendant les mois froids ont-elles un attrait encore plus grand à nos yeux.

LISTE D'ACHAT

✔ Des plants plutôt que des sachets de graines

Quand planter ?

Au jardin, les salades d'hiver sont semées en début d'été pour être récoltées dès l'automne, et pendant l'hiver, aussi longtemps que les froids ne sont pas trop rudes, et jusqu'en mars pour le sud du pays. Mais si vous gérez bien votre potager de balcon, il doit être déjà bien garni, entre légumes et aromates. Aussi, attendez septembre que la place se libère pour y planter des plants de chicorées, laitues et mâche.

Les avantages des plants

La condition essentielle pour réussir les semis d'été est d'assurer une grande régularité aux arrosages, pour éviter une montée à graines trop rapide, et souvent, ce n'est pas suffisant. Avec une plantation tardive, le problème est évité. Le seul semis envisageable pour votre potager en hauteur est celui de la mâche (voir p. 62), en septembre-octobre.
Habituellement, il faut laisser 30 à 40 cm pour voir bien s'épanouir ces belles salades d'hiver, respectez cet écartement seulement si vous avez de la place dans votre potager, sinon plantez un peu plus serré (20-25 cm) et cueillez des salades plus petites, elles sont encore plus savoureuses. Aucun soin particulier pour cette culture très facile, sinon des arrosages au pied. Une fois encore, vous évitez les pires ennemis, les limaces et les escargots.

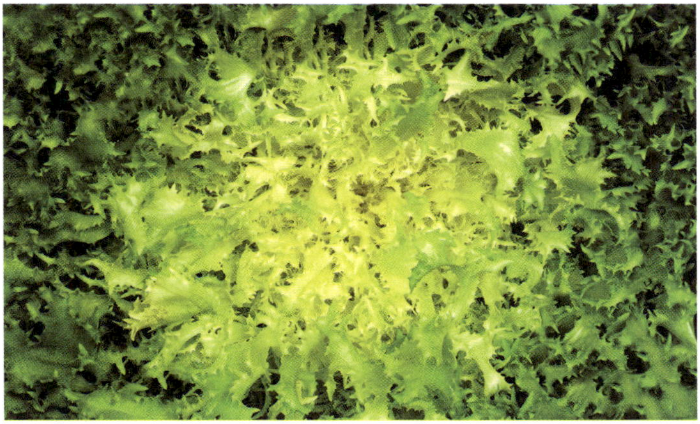

SALADES D'HIVER : CAP AU SUD

Salades et chaleur ne font pas toujours bon ménage, cela vaut autant pour le Sud que pour les régions au nord de la Loire lors d'années particulièrement chaudes, mais aussi pour les terrasses où règne une chaleur plus importante que dans les jardins, à cause de la réverbération sur les murs. Si vous devez restreindre votre choix, plantez **'Grosse pommant seule'**, une chicorée frisée à cœur plein, au feuillage très découpé et aux côtes bien épaisses. De plus, elle blanchit toute seule. Imitez les jardiniers du Sud qui cultivent **'Sucrine'** pour sa petite pomme, dense et serrée, faite de feuilles vertes, épaisses et cloquées. À savourer en cuisine, avec quelques croûtons frottés d'ail.

Le choix de l'amateur de salades

Les variétés sont très nombreuses, limitez-vous donc à un choix restreint de deux par catégorie, choisies dans les anciennes salades.

Les chicorées frisées

'Wallone' : bien adaptée aux régions froides, à récolter de septembre à décembre. Sa pomme est volumineuse, bien ouverte, le feuillage ferme est très découpé. Elle blanchit facilement toute seule.

'De Ruffec' : elle résiste autant au froid qu'à l'humidité, c'est souvent la combinaison des deux qui est néfaste. À conseiller pour la moitié Nord. Sa production est tardive, on la récolte de septembre à décembre. Belle pomme à cœur plein, les côtes sont larges, et elle blanchit toute seule.

Les chicorées scaroles

'Cornet de Bordeaux' (et toutes les 'Cornet' de manière générale) : une variété productive et qui résiste bien au froid, jusqu'à – 5 °C avec une petite protection. À récolter durant tout l'hiver, de novembre à mars. Sa pomme est allongée, haute, à feuillage bien vert.

'Ronde verte à cœur plein' : une salade assez rustique qui convient à toutes les régions, à récolter de septembre à novembre. Sa pomme est de belle dimension, compacte et bien fournie, le feuillage est charnu, et elle blanchit facilement.

Les chicorées sauvages

'Rouge de Trévise' (et de manière générale les chicorées rouges italiennes) : à récolter entre le mois d'octobre et jusqu'en janvier. Sa pomme est allongée, serrée et fournie, ses côtes bien blanches contrastent avec son feuillage.

'Améliorée blonde' : on peut manger ses jeunes feuilles tôt dans la saison, dès le mois d'août, mais elle convient mieux à une culture tardive, car elle est meilleure après avoir subi les premiers froids, et après blanchiment.

Les laitues pommées

'Kinemontepas' : une variété passe-partout, pour toutes les situations, car elle résiste au froid autant qu'à la chaleur. Elle est récoltée tôt, dès juillet lorsqu'elle est semée et jusqu'en novembre pour le type de culture que nous préconisons ici. Sa pomme est moyenne, fournie et ferme.

'Du Bon Jardinier' : une des plus résistantes à la chaleur, à conseiller pour le Sud, pour une plantation dès septembre, un mois encore très chaud sur le littoral méditerranéen. Sa pomme est volumineuse, son feuillage épais, vert légèrement teinté de rouge.

Les laitues batavias

'Dorée de printemps' : elle résiste assez bien à la chaleur des étés au nord du pays, moins dans les régions du Sud. À planter fin août pour des récoltes en octobre et novembre. Sa pomme est volumineuse, ses feuilles blondes à bords découpés charnues et craquantes.

'Rouge grenobloise' : son nom l'indique, elle résiste bien au froid. À récolter jusqu'à fin novembre. Sa pomme est grosse, verte et rouge.

'Rouge de Trévise'

'Merveille des quatre saisons'

'Cornet de Bordeaux'

'Rouge grenobloise'

SALADES D'HIVER : CAP AU NORD

Vous jardinez peut-être dans une région froide, ou sur un balcon ou une terrasse mal exposée, au nord. Mettez toutes les chances de votre côté en choisissant les championnes de la résistance au froid. En matière de laitues, plantez **'Merveille des quatre saisons'**, sa grosse pomme verte teintée de rouge reste bien ferme sous les premiers froids. Parmi les chicorées sauvages, cultivez **'Pain de sucre'**, sa bonne tenue au froid permet des récoltes pendant tout l'hiver, jusqu'à avril. Sa pomme serrée, ovale, blanchit naturellement. Toutes les mâches sont rustiques, mais **'Coquille de Louviers'** est sans doute la plus résistante. Ses petites feuilles vertes sont en forme de cuillère.

Durée de vie

Annuelles ou vivaces, 1 mois et demi à 2 mois

Des salades *qui ont du goût*

Lassé des grandes laitues insipides ? Déçu par les salades industrielles en sachet ? Fatigué des salades qui en ont que le nom ? Avec un rien de semences, votre potager en hauteur va se transformer en petit paradis du goût. À vous les saladiers hauts en saveurs et les vraies émotions de palais.

LISTE D'ACHAT

- ✔ 1 sachet de graines de roquette
- ✔ 1 sachet de graines d'épinard
- ✔ 1 sachet de graines d'oseille
- ✔ 1 sachet de graines de mesclun
- ✔ 1 sachet de graines de cressonnette

Place aux jeunes pousses…

Entre mars et septembre, les plants de salades poussent à vitesse grand « V », avec simplement un bon terreau, du soleil et des arrosages quotidiens. Et pas besoin de maîtriser la fastidieuse culture des belles pommes de laitues ou de chicorées ; dans le potager sur pieds, on vous propose de cultiver des plançons pour concocter des mélanges de jeunes pousses.

Les bonnes feuilles

Selon les dimensions de votre potager sur pieds, prévoyez des carrés de culture de 30 à 50 cm de côté. Pour les modèles compartimentés, ceux-ci sont déjà définis ; pour les modèles en continu, séparez les parcelles par une baguette.
Le semis est le même pour toutes les salades préconisées. Semez entre mars et septembre sur toute la surface du carré, de manière homogène, au besoin en vous aidant d'un semoir à main pour une plus grande régularité. Recouvrez les graines de 1 à 2 cm de terreau, tassez légèrement et arrosez en pluie fine. Après la levée, éclaircissez au fur et à mesure pour laisser 5 cm entre deux plants (et mangez les premiers plançons). Ensuite, cueillez feuille à feuille tout au long de la croissance, soit environ 1 mois et demi à 2 mois après le semis. Renouvelez les semis une seconde fois en milieu d'été.

L'AUTRE CRESSON

Au potager, on cultive un troisième cresson, appelé aussi « cressonnette » ou « cresson alénois », *Lepidium sativum* ←. Faites une petite place à cette plante, un carré de 20 x 20 cm est largement suffisant ou même un pot de 20 cm de diamètre, en complément de vos salades. Ce champion de la croissance donne des pousses feuillées de 30 cm (mais vous les couperez avant), utilisées comme condiment, car leur goût est fort, soufré et piquant. Parsemez-en les crudités et les mélanges de pousses de salades. Semez dès le mois de mars, à mi-ombre si possible, faites un second semis entre mai et juillet, un troisième éventuellement en septembre. La récolte se fait en 4 à 6 semaines.

Les bons mélanges

Selon les modèles, vous aurez 2 à 4 compartiments de culture pour un potager sur pieds ; pour un jardin vertical, utilisez tous les interstices disponibles. Faites votre choix parmi les espèces ci-dessous.

Cresson : il s'agit du cresson de terre ou des jardins, *Barbarea verna,* et non celui des fontaines.

Épinard : toutes les variétés sont recommandées pour cette culture particulière, 'Monstrueux de Viroflay', 'America', 'Multoverde', 'Géant d'hiver', et les hybrides F1, 'Panther', 'Clarinet'...

Roquette : la roquette cultivée est la plus fréquente, mais on peut trouver en cherchant bien des semences de roquette sauvage, bien plus piquante ↓.

Oseille : toutes les variétés sont possibles, 'Large de Belleville', 'Blonde de Lyon', 'De Chambourcy', et celles à feuilles pourpres ↑, 'Bloody Dock', 'Pourpre'...

Mesclun : c'est la solution de facilité, le mélange est déjà pensé par les semenciers.

Vous pouvez également semer le pourpier, la tétragone, la ficoïde glaciale.

Durée de vie

Vivace cultivée en annuelle et bisannuelle, 2 à 3 mois

Salades : adoptez le pourpier

Dans l'imaginaire, les salades, c'est les laitues. Mais bien d'autres espèces sont consommées depuis des siècles, dont certaines sont des plantes sauvages. Leur amélioration apportée par les horticulteurs les a fait accueillir dans les potagers, c'est le cas du pourpier et de la ficoïde glaciale, appelée aussi « pourpier glacial ».

LISTE D'ACHAT

✓ Des sachets de graines

La glaciale, elle vient du chaud !

Dans les pays chauds, la glaciale *(Mesembryanthemum crystallinum)* est une plante vivace ; dans les régions plus froides, elle est cultivée comme annuelle. Elle pousse en touffe étalée, de 30 cm de hauteur, et ses tiges charnues portent des feuilles crassulescentes, ovales, larges, pouvant dépasser 10 cm. Les tiges et les feuilles sont recouvertes de petites papilles remplies d'eau et montrant un aspect de gouttelettes d'eau givrée, c'est pourquoi on qualifie la plante de « glaciale ».
Semez la ficoïde glaciale à partir du mois de mai et jusqu'au début du mois de juillet, en ligne. La levée demande quelques jours, laissez pousser une semaine de plus, puis éclaircissez pour conserver un beau plant tous les 20 cm.

La récolte se fait 6 à 8 semaines après le semis en cassant les extrémités feuillées à l'aide d'un couteau. Cette taille va provoquer la production de ramifications, récoltées à leur tour au bout de 3 à 4 semaines. Au fur et à mesure, les récoltes sont de plus en plus rapprochées et généreuses. Prélevez tout l'été, jusqu'aux premières gelées.

Appréciez les pousses feuillées, tendres, crues, en salade ou en accompagnement des plats de légumes et de viandes : elles ont un petit goût acidulé. Elles sont également cuites, sautées au beurre, revenues dans un jus de viande ou cuisinées à la crème.

POURPIER ET GLACIALE POUR SE NETTOYER

Le pourpier est une salade de cueillette dans nos campagnes depuis des temps immémoriaux, apprécié aussi pour ses vertus médicinales. À partir du Moyen Âge, c'est aussi une plante de carême pour se purifier le corps. La ficoïde glaciale ←, elle, est originaire d'Afrique du Sud et son introduction en France date du XVIIe siècle. Toutefois, il semble que les Grecs antiques la cueillaient déjà sur de nombreuses plages de la Méditerranée.

Le pourpier, vert ou doré

Le pourpier *(Portulaca oleracea)* est une plante bisannuelle poussant en touffe ramifiée, rase, de 10 à 25 cm de diamètre, plaquée au sol. Ses tiges sont charnues, cassantes, étalées à plus ou moins dressées. Elles portent des feuilles gorgées de suc, épaisses, entières et ovales, opposées, tendres, de couleur verte à jaune doré.

Il en existe deux variétés pour le potager, le **'Pourpier vert'**, qui est la référence au jardin, mais elle est en net recul au profit des variétés à feuillage doré. **'Pourpier doré à large feuille'** est plus trapu, ses feuilles larges en spatules, d'un beau vert doré, ont un aspect brillant et sont ramassées le long de la tige.

Leur saveur craquante, juteuse et acidulée est sans équivalent dans le monde des salades et des légumes.

Semez le pourpier de mai à fin juillet et éclaircissez après la levée pour laisser un plant tous les 10 cm. Échelonnez les semis tous les 20 jours pour récolter jusqu'à l'arrivée des premières gelées.

Récoltez les pousses feuillées comme précédemment pour la glaciale.

Durée de vie

Bisannuelle, 2 à 3 mois

La mâche à l'assaut des balcons

Longtemps, la doucette, son autre nom, a joué les modestes. Salade des champs pour les paysans en même temps qu'herbe à lapins, sa renommée doit tout aux habiles maraîchers de la fin du XIXe siècle. Au point qu'elle est désormais une des salades industrielles les plus cultivées. La mâche n'en finit pas de prendre de la hauteur... en gagnant votre balcon.

LISTE D'ACHAT

✓ Des sachets de graines des variétés conseillées

Faites-lui un peu de place...

Il est vrai que votre potager en hauteur est plein comme un œuf en plein cœur de l'été, toutefois, tâchez de trouver un peu de place pour semer de la mâche, vous en serez récompensé dès cet automne et en hiver, à une période où les bonnes salades se font plus rares.

Un semis de patience

La mâche aime les terres fermes, non travaillées, c'est tant mieux, ainsi vous pourrez semer partout où il y a un peu d'espace, sans chambouler les cultures déjà en place. De plus, le semis est facile, car les graines sont assez volumineuses pour être semées une par une, au besoin en vous appliquant un peu. Déposez les semences, recouvrez peu, tassez la terre délicatement et arrosez. Si vous avez pris la peine de déposer une graine tous les 5 à 10 cm, vous n'aurez pas à éclaircir ; dans le cas contraire, intervenez lorsque les plants ont 4 ou 5 feuilles. Au fur et à mesure que la place se libère, poursuivez le semis pendant tout septembre, surtout si le mois est encore chaud, et jusqu'en octobre. La germination se fait en 8 à 12 jours, entre 10 et 15 °C. Récoltez de novembre à mars et protégez d'un voile d'hivernage dans les régions les plus froides. Appréciez la mâche crue, en salade, sinon cuite à la manière des épinards. Occasionnellement, vous trouverez des plants déjà poussés, proposés en mini-mottes, mais le prix est bien plus élevé que celui d'un sachet de graines, ce n'est pas le meilleur choix.

Les bonnes mâches

Les meilleures variétés de mâche sont toujours celles obtenues par les horticulteurs du XIXe siècle. Elles sont complétées par des améliorations et des nouvelles obtentions. **'À grosse graine'** (ou 'Mâche de Hollande') est très vigoureuse. Ses feuilles sont plus larges que la moyenne des autres mâches, et tendres. Conseillée pour les semis précoces et tardifs pour sa bonne tenue au froid. **'Coquille de Louviers'** (ou 'Mâche de Louviers') est très hâtive. Elle est reconnaissable entre toutes à ses feuilles en spatules, à la marge recourbée en cuillère. **'Verte de Cambrai'** est résistante au froid. Elle donne de belles rosettes volumineuses, des feuilles larges et épaisses, d'un beau vert brillant et de très bonne saveur. **'Verte à cœur plein'** donne des rosettes trapues et compactes, aux feuilles dressées, courtes et arrondies, fermes et goûteuses, qui supportent les manipulations. Dans le Sud, cultivez les mâches d'Italie, comme **'D'Italie à feuille de laitue'**, aux feuilles larges. Elles deviennent un peu rêches avec le manque d'eau, ce qui est loin d'être désagréable.

MÂCHE SOUS ABRI

Si votre potager est équipé d'une protection hivernale, vous pourrez prolonger la culture de la mâche en semant de février à octobre, pour des récoltes 2 à 3 mois après le semis selon la période.
Choisissez **'Mâche des quatre saisons'** dans les régions pas trop froides, pour ses rosettes compactes, et **'Palace'**, qui pousse rapidement, est productive, supporte le froid et est lente à monter à graines, en été.

Durée de vie

Annuelle, 2 à 3 mois

La claytone de Cuba

Les salades sauvages de nos campagnes ne sont pas les seules à réveiller les saladiers, vous pouvez compter sur quelques espèces exotiques, comme la claytone de Cuba.

LISTE D'ACHAT

✓ 1 sachet de graines

Un pourpier d'hiver

Car en plus d'être rustique, elle est très peu encombrante. La claytone de Cuba *(Claytonia perfoliata)*, encore appelée « pourpier d'hiver », est une plante herbacée poussant en petites rosettes désordonnées et diffuses de 10 à 20 cm de hauteur. Ses feuilles sont arrondies, de 3 à 5 cm, légèrement crassulescentes et traversées par la tige (d'où leur dénomination de « perfoliées »).

À partir du mois d'avril et jusqu'à la fin juillet, semez clair en vous aidant d'un semoir à main pour une parfaite homogénéité du semis, car les semences sont très fines.

Frileuse ? Détrompez-vous...

Son nom de baptême laisse penser que cette plante exotique est fragile et sa culture réservée aux potagers des climats doux, rien de plus faux, car avant d'être « de Cuba », la claytone fut introduite dans les conditions rudes du Canada, du côté de Vancouver. C'est peu dire que vous avez une grande marge climatique pour la cultiver sur votre balcon

ÉTALEZ LES RÉCOLTES

Vous pouvez anticiper la culture de la claytone en semant entre les mois de janvier et de mars, si votre potager sur pieds est équipé d'un couvercle pour la protection hivernale, et faire une première récolte en même temps que les premiers semis de printemps, en mai.

LA LAITUE DES MINEURS

La « laitue des mineurs » est le nom donné à la claytone de Cuba en Californie, où lors de la ruée vers l'or, les mineurs la consommaient abondamment pour sa richesse en vitamine C afin de lutter contre le scorbut.

Recouvrez-les d'une fine couche de terre, tout juste pour les masquer, puis tassez le terreau pour un parfait contact. Arrosez en pluie fine et conservez le terreau humide en permanence. Après la levée, lorsque les plants ont 4 ou 5 feuilles, éclaircissez pour laisser 10 à 15 cm entre deux plantes. Les feuilles du sommet (ce sont en fait des bractées) prennent la forme d'un cornet qui s'étale par la suite, au fond duquel naissent, entre mai et août, les petites fleurs blanches. Lorsqu'apparaissent les premiers boutons floraux, récoltez les jeunes feuilles au fur et à mesure, vous pourrez faire trois récoltes dans le courant de l'été et prolonger les cueillettes dans les climats doux jusqu'au début du printemps suivant.

Consommez crues ou cuites, comme celles de l'oseille ou de l'épinard, les feuilles de la claytone sont de saveur douce et agréable, avec une pointe d'acidité. En fin de saison, consommez les dernières feuilles en mélange avec la mâche d'hiver et des épinards. Faites un mesclun de feuilles de claytone, de pourpier vert et doré, et d'oseille. Relevez d'un filet d'huile d'olive et de vinaigre, ajoutez des lardons fumés préalablement frits et des dés de fromage de chèvre : ça va réveiller les papilles !

UN BRIN D'ÉTYMOLOGIE

John Clayton est un botaniste amateur anglais. Arrivé en 1705 en Amérique, il recensera la flore de Virginie, décrite dans sa *Flora Virginia* en 1739. Il fut le correspondant de Gronovius et de Linné qui lui dédia le genre *Claytonia* en 1753.

Durée de vie

Annuelle, 2 à 4 mois

Pois et haricots : au pays des nains

Pour vous amuser à récolter un ou deux plats, semez des petits pois ou des haricots verts. Mais plus encore, pour jardiner avec des enfants et leur montrer comment ces deux légumes terminent leur carrière dans les sacs de légumes surgelés.

LISTE D'ACHAT

✓ 1 sachet de graines à la fois, pour les haricots ou les petits pois

Nains ou à rames ?

Dans de grandes jardinières, il est possible d'obtenir d'assez belles récoltes de pois et de haricots à rames (de grands tuteurs de plus de 2 m), mais voilà un dispositif bien disgracieux si vous devez le poser sur votre potager sur pieds. Pour ces deux légumes, préférez les variétés naines, qui poussent entre 40 et 60 cm. Le résultat est bien plus esthétique.

Graines de jardiniers débutants

On a tous commencé en classe en faisant germer quelques haricots sur un morceau de coton, et constaté la facilité avec laquelle ils germent et poussent. Vraiment, si vous ratez vos haricots ou vos pois… on ne peut plus grand-chose pour vous.

En mars ou avril selon les régions, matérialisez un petit sillon en plein centre de votre potager sur pieds, voire deux s'il est suffisamment large (sachez qu'il faut environ 40 cm de largeur pour que les variétés naines s'épanouissent). Déposez une graine tous les 10 cm à 3 cm de profondeur. Après la levée, lorsque les plants mesurent 15 cm, buttez, c'est-à-dire apportez du terreau au pied pour un meilleur enracinement, donc une meilleure vigueur à venir. Maintenez le sol frais, placez en plein soleil et récoltez entre 2 mois et demi et 4 mois selon le climat.

Les bons haricots verts

Les jardiniers rigoureux parlent de haricots mangetout, car on mange toute la cosse, verte, lorsque les grains ne sont pas encore mûrs.

POIS MANGETOUT ITOU !

Pour terminer cette petite leçon de jardinage, semez quelques pois mangetout, ce sont ceux dont on mange les gousses plates renfermant de tout petits grains. Pour la culture sur le balcon, choisissez le plus petit, **'Nain hâtif Breton'**, il pousse à 70 cm et vous devrez le tuteurer légèrement en dépit de sa petite taille, à moins que vous le laissiez déborder du potager et cascader. Ses gousses sont étroites, charnues et de très bonne qualité.

Restez classique, il s'agit avant tout d'une petite illustration pédagogique, vous pourrez récolter entre 500 g et 1 kg dans un potager de 1 m de long. Semez **'Contender'**, **'Plein le panier'**, toutes les variétés actuelles comme **'Organdi'** ou **'Novirex'**. Et pour l'originalité, **'Purple Queen'**, pour faire connaissance avec les haricots à gousses violettes.

Les bons pois

Il en existe de deux sortes, ceux à grains lisses et ceux à grains ridés ; dans les régions où les expositions sont les plus chaudes, préférez les seconds, plus résistants à la chaleur et à une relative sécheresse. Semez **'Merveille de Kelvedon'** ; il dépasse peu les 40 cm de hauteur, et il est facile à cultiver même avec peu d'arrosages, voire pas du tout au nord de la Loire. **'Merveille d'Amérique'**, nain et compact, dépasse rarement les 35 cm. Ses petites gousses de 6 cm renferment 6 à 8 grains. Très précoce, très productif, en dépit de sa petite taille, et de bonne qualité gustative. Semez toutes les variétés modernes comme **'Cash'**, hâtif et très productif.

Durée de vie

Annuelle, 3 mois

Des concombres *déconcertants !*

Oubliez un temps les concombres classiques pour cultiver de véritables curiosités, comestibles ou ornementales. Toutes ont une origine plus ou moins exotique, mais peuvent être cultivées comme des annuelles, surtout que leur culture est des plus faciles. Petit tour d'horizon des surprises à exhiber sous les yeux étonnés de vos amis.

LISTE D'ACHAT

✔ Des sachets de graines des espèces proposées.

Des concombres sur un balcon ?

La culture des concombres et des cornichons (c'est la même plante) réclame de la place au jardin, c'est pourquoi on les cultive souvent en grimpants pour optimiser la surface au sol. Mais les concombres originaux proposés ici sont de moindres dimensions. Certains sont comestibles, d'autres ornementaux mais très peu connus encore, tous à cultiver en annuelles pour vous amuser.

Démarrez au chaud

Pas d'autre choix que de faire vos semis, car les plants sont très rares, au chaud, dès février-mars ou avril au plus tard, pour une plantation en mai dans votre potager de balcon. Plantez-les en bord de potager et laissez-les retomber, et même courir au sol pour les plus grands. Apportez des arrosages soutenus tout l'été, au pied, sans mouiller le feuillage pour éviter l'oïdium.

Les concombres comestibles

Concombre à confire *(Melothria scabra)* ←
C'est une petite plante mexicaine de seulement 1 m, aux feuilles plus ou moins profondément lobées, pourvues de petites épines sur la marge, mais pas blessantes ni dangereuses, rêches au toucher. Les petites fleurs jaunes évoluent en fruits juteux ovales, vert foncé maculé de jaune, de la taille d'une grosse olive. Entre juillet et octobre, récoltez les fruits au fur et à mesure, pas trop mûrs, conservez-les au réfrigérateur et faites-les confire dans du vinaigre.

Concombre arménien (*Cucumis melo* 'Flexuosus') ←
C'est une plante annuelle venue d'Inde, rampante, dont les tiges cylindriques, de petit diamètre, portent des feuilles réniformes à arrondies, au bord ondulé, qui rappellent celles du melon. En été, elle donne des fruits côtelés, longs, jusqu'à 90 cm, recourbés. Le démarrage de la culture est toujours le même que ci-dessus, mais lorsque les plants ont poussé, pincez au-dessus de la 2e vraie feuille pour étoffer la plante. Récoltez les fruits, pas trop mûrs, lorsqu'ils ont encore leur couleur verte, et mangez-les en crudité comme les concombres classiques.

Concombre des Antilles *(Cucumis anguria)*
C'est une plante brésilienne annuelle donnant de longues tiges bien ramifiées qui portent des feuilles trilobées. Les deux sont recouvertes de fin duvet assez dru. Les petites fleurs jaunes, entre juin et septembre, évoluent en fruits ovales, courts, hérissés de petites protubérances non piquantes, verts à jaunâtres, plus ou moins ornementés de bandes. Récoltez environ 5 mois après le

semis, lorsque les fruits ont la taille d'une petite noix et qu'ils sont encore verts. Mettez-les à confire ou cuisinez-les. ↑

Concombre de Sikkim (*Cucumis sativus* 'Sikkimensis') ↓
Plante originaire d'Inde, aux tiges volubiles munies de vrilles, portant de grandes feuilles lobées, légèrement rêches au toucher. Aux fleurs jaunes succèdent des fruits de la taille d'un petit concombre, mais plus trapus, de forme ovoïde, à épiderme vert foncé, ornementés un peu à la manière des melons brodés. Récoltez environ 3 à 4 mois après le semis, au fur et à mesure. Consommez en crudité, sa saveur est identique, mais plus fine que celle du concombre classique.

SAVOUREZ LE MÉTULON

Vous le connaissez sans doute sous son nom commercial de Kiwano® ↑ pour le rencontrer régulièrement au rayon fruits et légumes, parmi les fruits exotiques. Le concombre métulifère est originaire d'Afrique du Sud, ses tiges de 1,20 à 1,50 m sont munies de vrilles et duveteuses. Ses curieux fruits allongés, de 8 à 15 cm, sont hérissés de courts piquants, pas dangereux, et révèlent une délicieuse chair juteuse. Récoltez en automne, lorsqu'ils changent de couleur, et appréciez-les en salades de fruits, en jus ou simplement crus. En décoration, ils se conservent plusieurs mois.

LE CONCOMBRE DU DIABLE : LA FAUSSE BONNE IDÉE

On vous proposera peut-être des graines du concombre sauteur *(Ecballium elaterium)*, une plante vivace commune dans les talus de la région méditerranéenne. Il est drôle, car au moindre frôlement, ses fruits globuleux explosent pour disséminer les graines contenues dans un mucilage à des mètres à la ronde. Mais méfiez-vous de cette « diablerie », car ce mucilage est irritant pour la peau et les muqueuses. Ce concombre n'a rien à faire sur les balcons !

Les concombres d'ornement

Concombre groseille *(Cucumis myriocarpus)* →
Cette plante originaire d'Afrique du Sud pousse en longues tiges de 1,50 m, grêles et ramifiées, qui portent des feuilles lobées rappelant celles de la mauve sauvage. Les fruits sont légèrement ovales, presque sphériques, de 3 cm, à l'épiderme vert foncé rayé de bandes vert clair et hérissés de nombreux poils drus, mais non dangereux. Semez au chaud et plantez en mai dans un endroit abrité et bien exposé, en laissant 80 cm entre deux pieds. Récoltez en septembre les fruits non comestibles, ils se conservent en l'état pendant plusieurs mois.

Concombre chardon *(Cucumis dipsaceus)* ←
On reconnaît ce concombre africain à ses tiges de section quadrangulaire, munies de vrilles. Ses feuilles sont cordiformes, finement dentées. Son originalité tient à ses fruits de 5 à 7 cm, qui suivent les petites fleurs jaunes, entre juin et septembre : ils sont hérissés d'une multitude de longs poils soyeux, mais drus. Récoltez-les en septembre ou octobre, lorsqu'ils sont bien mûrs, ils ont un emploi décoratif aux côtés des coloquintes.

Durée de vie

Annuelles
et bisannuelles,
2 à 4 mois

On dirait *l'Italie*

L'Italie, c'est l'autre grand pays pour les légumes du soleil, et pour la cuisine simple et goûteuse. Et comme le jardinage, c'est avant tout du plaisir, accordez-vous une petite fantaisie, un clin d'œil appuyé à la Botte, histoire de jouer le dépaysement.

LISTE D'ACHAT

✓ Des sachets de graines et des plants

La reine des légumes

L'entrée en matière s'impose : la tomate est le légume le plus emblématique du Sud, et les variétés traditionnelles italiennes sont aussi nombreuses que les françaises. Cultivez **'Principe Borghese'** (ou 'Prince Borghese') pour ses petits fruits, de la taille d'un œuf de poule, rouge écarlate, terminés par une petite pointe. Ils sont très charnus, fruités et pour tous les usages. Plantez **'San Marzano'**, aux fruits allongés et pointus, d'une centaine de grammes, d'un beau rouge intense et charnus. Un plant de **'Roma'** pour compléter l'assortiment ? Tout faux ! C'est une variété américaine !

Voir culture p. 48.

L'aubergine change de robe

Pour rompre avec les aubergines à épiderme violet et uniforme, cultivez **'Violetta di Firenze'** ←. Ses fruits sont énormes, presque ronds et marqués d'un sillon profond à la base, leur chair est dense et l'épiderme violet clair largement parcouru de grandes plages blanches. Plantez **'Zebrina'**, aux fruits allongés, de 20 cm, recouverts d'une peau violacée striée de blanc pur.

Voir culture p. 86.

Les chicorées rouges italiennes

L'Italie du Nord s'est fait une spécialité dans les chicorées, notamment dans celles à feuillage rouge qu'on rencontre seules ou proposées dans les mélanges de salades. **'Rossa di**

PLANTS OU GRAINES ?

Tomates, aubergines, poivrons, bonnes salades et autres légumes… Vous trouverez facilement des graines de toutes les variétés que nous conseillons, et souvent issues de l'agriculture biologique, moins souvent des plants. Retrouvez les conseils de culture en vous reportant aux différentes fiches.

Treviso' (ou 'Rouge de Trévise') a donné un type décliné en de nombreux hybrides. On connaît ses pommes allongées de feuilles aux côtes craquantes et au beau rouge violacé profond marqué par les nervures bien blanches. **'Rossa di Verone Tardiva'** (ou 'Grumolo Rossa') 🡅 pousse en rosette ouverte de petites feuilles d'un rouge intense, **'Palla Rossa'** au goût délicat, donne des pommes fermes à l'automne.
Voir culture p. 54.

Les fenouils

Le fenouil doux, c'est l'Italie. Achetez un seul plant ou deux en avril, généralement étiqueté **'Fenouil de Florence'**. Sa longue racine doit avoir au moins 40 cm de profondeur de sol pour que la pomme se développe suffisamment. Et si vous êtes prêt à démarrer la culture depuis le semis, achetez des graines de **'Di Sarno'** (aussi appelé 'De Naples'), sa pomme est ronde et compacte, charnue et bien blanche, ou de **'Finale'**, au beau bulbe assez rond, lourd en main et charnu, très aromatique et de très bonne saveur. Sinon, **'Montavano'**, connu chez nous sous son nom de 'Geant Mammouth Perfection'. C'est un grand classique, son bulbe blanc et tendre est de très bonne qualité.

Au pays des poivrons

La plus réputée des variétés est sans doute **'Corne di Toro'** (ou 'Corne de taureau' 🡅), pour ses fruits fins, pointus, de saveur douce et très parfumée, d'une vingtaine de centimètres de long. Disponible en *rosso, verde* et *giallo,* respectivement rouge, vert et jaune. Moins connu, **'Sigaretta di Bergamo'** (ou 'Doux de Bergame') vient la concurrencer, la plante est vigoureuse, ramifiée et productive, ses fruits sont d'abord verts et deviennent rouges en mûrissant.
Voir culture p. 88.

Durée de vie

Annuelles, 1 mois et demi à 4 mois

Cap sur l'Asie

L'essor du wok dans les cuisines occidentales fait découvrir, en toute logique, des légumes venus de la lointaine Asie. Certains nous laissent perplexes, pour le moment ; d'autres ont été adoptés, d'autant que leur culture est facile. Un bel assortiment de feuilles à couper...

LISTE D'ACHAT

✔ **Des sachets de graines, en jardinerie pour certaines espèces, mais plus faciles à trouver sur le net ou même dans les épiceries asiatiques**

L'Asie sur votre balcon du 3e étage

Pour cultiver un petit assortiment, consacrez des parcelles de culture de 40 à 50 cm de côté, que vous délimiterez avec des baguettes posées à la surface du terreau au moment du semis. Vous pouvez ainsi produire trois ou quatre légumes différents. Vous avez le choix, soit cultiver un seul gros plant par carré et prélever les feuilles au fur et à mesure environ 2 mois après le semis, soit faire pousser tout un carré pour récolter les plançons et renouveler le semis, comme vous le faites pour le mesclun. Semez entre avril et septembre.

La moutarde de Chine

Cultivée depuis des millénaires en Chine, la mung choi a donné plusieurs variétés, on trouve chez nous la rouge, la verte et la frisée. Récoltez les jeunes feuilles 6 à 8 semaines après le semis pour les manger crues. Les feuilles plus vieilles sont cuites comme des épinards, ou confites au vinaigre pour servir de condiment.

Le chou salade

Le mizuna ← c'est son autre nom, est très cultivé au Japon. Il pousse en pomme de feuilles découpées et fines, aux pétioles blancs. Semez plus tardivement pour prendre le relais, entre mai et août. Laissez pousser 2 ou 3 plants et récoltez dès que les premières feuilles sont formées, jusqu'en hiver, car il résiste bien au froid. À consommer cru de préférence, dans les mescluns.

LE PERSIL JAPONAIS

Le périlla de Nankin, ou shiso, est une plante condimentaire très classique de la cuisine japonaise et plus généralement asiatique. Sa culture est la même que celle du basilic (voir p. 102). Soixante-dix jours après le semis, ciselez ses jeunes pousses feuillées pour aromatiser les salades, les soupes et les plats de poissons.

L'épinard sauvage

Spinacia oleracea ➔ ressemble fortement à l'épinard de nos jardins, ses feuilles sont plus courtes, plus cloquées et aussi plus fortes en goût. Récoltez feuille à feuille au fur et à mesure des besoins. À consommer cru en salade et dans les mesclun, ou sauté dans le wok.

La laitue chrysanthème

Le shungiku, *Chrysanthemum coronarium* 'Spatiosum' 🡇, est un petit chrysanthème aux fleurs jaunes bicolores. Il en existe une variété à feuilles larges. Récoltez les jeunes feuilles et les pousses tendres 40 à 50 jours après le semis. Les feuilles hachées entrent dans la composition des sushis, des soupes et servent pour aromatiser les plats de légumes sautés.

Y'EN A DANS LE CHOU !

Depuis quelques années, on a adopté deux choux chinois, le pé-tsaï et le pak-choï. Continuez d'acheter le premier au marché, c'est trop de peine pour le produire sur le balcon ; par contre, en été, achetez 2 ou 3 plants du second, on le trouve couramment en jardinerie, et plantez-les dans un carré de 50 cm de côté. Faites pousser et récoltez 4 à 6 semaines plus tard. À consommer cru, en salade, ou cuit, entier ou coupé en gros quartiers.

Durée de vie

Annuelles, 2 à 5 mois, et vivace pour la mertensie

Légumes curieux *pour potager original*

Votre potager en hauteur est aussi le lieu où vous pouvez cultiver des légumes sortant de l'ordinaire. Car autant au jardin qu'en cuisine, l'exotisme a toujours été une source d'étonnement. Petit inventaire, très loin d'être exhaustif, de quelques espèces qui ont fait leurs preuves après des années d'expérimentation.

LISTE D'ACHAT

✔ **Des sachets de graines. Les plants déjà poussés sont encore rares dans le commerce, sauf pour le rau-ram qui ne donne pas de graines et qui est multiplié par bouturage (vous pourrez le pratiquer)**

Des exotiques à découvrir...

L'avantage de faire son petit potager, c'est de jardiner principalement entre le printemps et le début de l'automne. Et en achetant des plants, vous n'avez plus trop à vous soucier de la résistance au froid des légumes produits. Ceci pour dire que bien des espèces exotiques, venues des pays chauds, peuvent être testées en toute tranquillité. L'Amérique du Sud, l'Afrique et l'Asie vous en proposent quelques-unes.

La morelle de Balbis (Solanum sisymbrifolium)

Elle pousse à près de 1 m de hauteur, considérez donc sa culture comme celle de la tomate, par exemple. Ses feuilles épineuses sont divisées en folioles, irrégulières et dentées. Les fleurs simples, blanches à légèrement bleutées, sont suivies de grosses baies d'un beau rouge vermillon, enchâssées dans un calice épineux. Gros comme une belle cerise, ils constituent la partie comestible de la plante 🡐.

Semez au chaud dès le mois de mars, à raison de quelques graines par godet. Conservez le plant le plus robuste après la levée. Vers le 15 mai, mettez en place définitive, à exposition ensoleillée, sur un côté du potager sur pieds, en laissant 50 cm entre deux plants. Tuteurez. Récoltez en fin d'été ; les fruits sont consommés frais, nature, à l'apéritif. Vous n'en aurez sans doute pas assez pour faire des jus, de la confiture ou de la gelée.

La persicaire odorante (Polygonum odoratum)

C'est une plante condimentaire que les amateurs de cuisine asiatique, vietnamienne en particulier, connaissent bien. Elle pousse en tous sens, en petite touffe diffuse de 40 à 70 cm de feuilles vertes, allongées et lancéolées, pouvant faire penser à celles d'un basilic, et marquées d'un « V » brun en vieillissant 🡑. Le **rau-ram**, c'est son nom courant, est peu rustique ; il est conseillé de le bouturer en fin d'été pour replanter de nouveaux plants en fin de printemps suivant, c'est très facile (une bouture de tête de 10 cm dans un terreau léger, à conserver à mi-ombre, l'enracinement se fait en 4 semaines). Cueillez les feuilles au fur et à mesure, leur goût épicé, légèrement piquant, rappelle celui de la coriandre ; il est apprécié pour relever les viandes.

Le cresson de Para (Spilanthes acmella)

Encore appelé, **« brède mafane »** ou « cresson de Madagascar » 🡐, c'est une plante annuelle originaire du Brésil, cultivée pour son usage condimentaire. Il pousse au ras du sol, en s'étalant, les tiges portent de larges feuilles entières, oblongues. La floraison se fait en capitule globuleux, de couleur jaune.

Semez en ligne entre mi-mai et mi-juin, en déposant quelques graines tout juste recouvertes de terreau. Au stade 3 ou 4 feuilles, éclaircissez pour laisser un plant tous les 20 cm. Placez en plein soleil, conservez le terreau tout juste humide, mais en permanence. Récoltez 2 mois après le semis en coupant les tiges au-dessus du collet pour favoriser de nouvelles ramifications. Les feuilles sont consommées crues, finement hachées pour relever les viandes, les sauces et les crudités. Leur goût poivré, légèrement brûlant, se retrouve aussi dans les fleurs.

L'épinard-fraise (Chenopodium capitatum)

C'est une plante annuelle qui pousse en petit buisson désordonné de 60 à 70 cm de hauteur. Ses tiges sont garnies de feuilles triangulaires qui vont en diminuant de taille de la base au sommet. La plante fleurit en petits épis de fleurs vertes qui laissent la place à de petites grappes denses et serrées de fruits rouges faisant penser à de petites fraises ➔. Semez en place de mars à août, dans un sol frais et fertile, à exposition ensoleillée, en lignes espacées de 30 cm, à raison de quelques graines tous les 30 cm, puis conservez le plus beau plant. Récoltez dès juillet et pendant tout l'été. Consommez les jeunes feuilles crues ou cuites. Elles révèlent un petit goût de noisette agréable. Par contre, les fruits crus sont assez peu goûteux, voire insipides.

L'arroche-fraise (Blitum capitatum)

L'arroche-mûre, ou encore blette en tête, est une plante annuelle originaire d'Europe et d'Asie centrale, intéressante pour ses jeunes feuilles et ses fruits. Elle pousse à 60 cm, et ses tiges rameuses portent des feuilles alternées, triangulaires à lancéolées. Les inflorescences disposées le long des tiges, d'abord vertes, évoluent en petits fruits rouge vif, serrés les uns contre les autres ↓.

Semez dès le mois de février et jusqu'en mai. Après la levée, conservez les plus belles plantules, laissez pousser et plantez en mai, en laissant 30 cm pour chaque pied. Récoltez les feuilles 2 mois plus tard et les fruits après 2 mois de plus de culture. Les premières sont cuisinées comme celles de l'épinard, de l'arroche ou de la tétragone, crues ou cuites. Les seconds se picorent crus jusqu'à la fin de l'été.

DES HUÎTRES SUR LE BALCON

La **mertensie maritime** *(Mertensia maritima)* semble une plante anodine et peu remarquable, tant qu'on n'y a pas goûté ➔. C'est une vivace, qui disparaît quelquefois en hiver, poussant sur le littoral océanique, où sa cueillette excessive l'a fait se raréfier par endroits. Elle pousse en touffe au port souple, légèrement retombant, de 40 à 60 cm de hauteur. Ses feuilles sont épaisses, d'un joli bleu métallique, oblongues, en forme de cuillère. Entre juin et octobre, les fleurs bleues s'épanouissent. Vous pouvez la semer au chaud, en godet, en automne ou au printemps pour une plantation vers avril-mai, mais plus simplement acheter quelques godets (vendus essentiellement sur Internet). Lorsque la plante sera développée, vous pourrez la bouturer facilement. Trois mois après la plantation, prélevez les jeunes feuilles et les pousses feuillées pour les manger crues : elles ont un goût particulier, qui la fait appeler aussi « plante aux huîtres » ou « huître végétale ».

Durée de vie

Annuelles, 4 mois et vivaces

Les bonnes feuilles du potager

Sitôt poussées, sitôt mangées, c'est l'avantage des légumes-feuilles. Par opposition aux autres légumes pour lesquels vous devez attendre la pleine maturité, les feuilles sont d'autant plus appréciées qu'elles sont jeunes. Considérée sous cet angle, leur culture devient compatible avec les tout petits potagers en hauteur.

LISTE D'ACHAT

✓ Des sachets de graines des espèces conseillées

Grandes ou jeunes feuilles...

Les légumes à grandes feuilles, comme les choux, les poirées ou les épinards, sont d'autant plus généreux qu'ils ont la place pour s'épanouir et une bonne terre riche et fraîche. Lorsque ces conditions ne sont pas toutes réunies, vous pouvez les cultiver pour la production de jeunes feuilles, à goûter seules ou en mélange avec d'autres salades, et renouveler rapidement les semis afin d'enchaîner les productions pour des récoltes s'étirant jusqu'à fin automne.

L'épinard

Il pousse en touffe lâche de grandes feuilles vert foncé, épaisses, charnues à légèrement cloquées. Semez de mars à septembre en ligne dans toute la longueur du potager sur pieds, à 15 cm du bord, à 1-2 cm de profondeur. Arrosez en pluie fine, tous les jours, pour avoir une levée sans à-coups.

Un mois à un mois et demi plus tard, récoltez les jeunes feuilles tendres de 15 cm environ, en deux fois, la première pour éclaircir le semis, en laissant 10 cm entre les plants restants. Plus âgées, elles deviennent trop coriaces pour être mangées crues, vous devrez les faire cuire. Bien que vous puissiez semer pendant toute la période indiquée, sachez que l'épinard souffre de la chaleur qui provoque une montée à graines précoce. Aussi, surtout dans le Midi, le remplace-t-on par la tétragone en été.

Si vous ne voulez pas en manquer, semez des épinards tous les 20 à 30 jours.

LA TÉTRAGONE CORNUE

L'épinard de Nouvelle-Zélande pousse en grandes tiges étalées à rampantes pouvant atteindre 1 m, mais sur votre balcon, vous le cueillerez jeune. Ses feuilles sont entières, triangulaires et rappellent celles de l'épinard. Seule l'espèce botanique est disponible.
Semez en ligne dès le mois de mars dans les régions où les gelées ne sont plus à craindre et jusqu'en mai, après avoir fait tremper les graines pendant 24 à 48 heures à l'avance. Maintenez le terreau frais en permanence et récoltez une première fois les jeunes feuilles pour éclaircir le semis, puis pendant tout l'été, de juillet à fin septembre. Les utilisations culinaires sont les mêmes que pour l'épinard.

Semez les variétés anciennes, classiques, comme **'Géant d'hiver'**, **'Monstrueux de Viroflay'**, et les hybrides modernes, tels **'F1 Panther'** et **'F1 Clarinet'** (Resistatou).

Le chou kale

Longtemps éclipsés, les choux frisés font leur retour avec le kale comme porte-étendard ; sa richesse en vitamine C, en antioxydants et ses nombreuses vertus thérapeutiques en font un alicament des potagers.
Au jardin, il pousse avec peu de place, il est indiqué pour les petits potagers. Sur votre balcon, vous le cultiverez pour ses jeunes feuilles ; ainsi, il en demandera encore moins.

Plantez des plants déjà poussés, on les trouve désormais en jardinerie à partir d'avril, à raison d'un pied pour 30 cm. Commencez à récolter 5 à 6 semaines après la plantation, et jusqu'aux premières gelées.
Cuisinez les feuilles émincées crues, ou cuites, braisées, sautées, en soupe, en pesto pour les pâtes, et de manière générale dans toutes les utilisations faites pour l'épinard ou l'oseille.

Durée de vie

Vivace cultivée en annuelle, 4 mois

Les rondeurs appétissantes de la pomme de terre

D'un grand coup de fourche-bêche appuyé d'un solide coup de rein, les pommes de terre dévoilées reposent au sol. Lumineuses, comme éblouies par le soleil après des mois passés sous terre. Il n'y a plus qu'à ramasser ce trésor offert par le potager. Bon, sur votre potager sur pieds, oubliez la bêche, les efforts et les suées pour ne garder que le plaisir immense d'extraire vos bons tubercules.

LISTE D'ACHAT

✓ Des filets de semences certifiées, en petit conditionnement

Merci !

Pour dire que la culture de la pomme de terre est un des plus grands plaisirs qu'offre le potager, les producteurs de tubercules certifiés pour la plantation les offrent maintenant en tout petit conditionnement de 6 à 9, pour le plus grand plaisir des potagistes sur balcon et pour les propriétaires de tout petits jardins. Sinon, le standard est de 25 tubercules. En votre nom, je tiens à remercier toute la filière de la pomme de terre.

Rondes et belles, bientôt dans vos mains

La pomme de terre reste cantonnée à une profondeur assez faible, elle sera à son aise dans votre potager sur pieds Plantez les tubercules certifiés de fin mars à début mai à environ 15 cm de profondeur. Disposez 5 tubercules dans un carré de 60 cm de côté au moins, 4 aux angles et un au milieu.

Lorsque les plants sont sortis et mesurent 15 cm, ramenez délicatement la terre contre le pied, pour les butter et favoriser leur enracinement. Arrosez seulement lorsque les feuilles flétrissent légèrement, et toujours sans mouiller le feuillage. Récoltez lorsque le feuillage est bien jaune à légèrement desséché. Utilisez un mini-outil en forme de fourche, sinon tirez délicatement sur le plant et fouillez tout le terreau à la main.

LA POMME DE TERRE BONUS

Une pomme de terre achetée a un peu traîné et commence à germer ? Surtout, ne la jetez pas, plantez-la délicatement sans endommager les germes. En quelques mois, elle participera aussi aux récoltes. La pomme de terre de rebut donnera… des pommes de terre (ça avait épaté mon voisin qui avait trouvé ça tout seul !).

Par ici les bonnes patates

Le cuisinier averti choisit ses pommes de terre en fonction de leur destination, frites, purée, sautées, potage… Les esthètes pour la beauté de leur tubercule, allongé, rond, arqué, jaune, rose, à chair violette… Mais le premier critère à prendre en compte est la précocité. Comme je vous devine impatient, je vous conseille de retenir les variétés précoces, celles à récolter entre 70 et 90 jours, et d'ignorer les tardives (entre 100 et 150 jours) plutôt destinées à la conservation pour l'hiver. Ce n'est pas le sujet du potager sur pieds.

Cultivez **'Apollo'**, ses tubercules sont oblongs et réguliers, à peau jaune et à chair jaune soutenu, les yeux superficiels. Elle tient bien à la cuisson, mais noircit un peu et se colore à la friture. Plantez **'Belle de Fontenay'**, c'est une des plus anciennes variétés françaises (1885, c'est peu dire qu'elle a fait ses preuves). Nettement plus récente, **'Amandine'**, aux tubercules oblongs à allongés, de forme et de calibre réguliers. Le rendement est bon, même si la proportion de gros tubercules est faible. L'occasion est belle de cultiver des curiosités, plantez **'Vitelotte'**, la fameuse pomme de terre violette, presque noire. À la cuisson, elle ménage une petite surprise : l'eau de cuisson devient d'un vert presque fluo.

Durée de vie

Bisannuelle, 2 à 4 mois et vivace

Oignons et échalotes

Voilà une culture facile, quoiqu'un peu longue, que vous pouvez éventuellement faire en pot, en complément de votre potager sur pieds. Vous pouvez aussi la considérer sous l'angle pédagogique, pour montrer aux enfants comment ces plantes poussent à partir d'un petit bulbe.

LISTE D'ACHAT

✓ Des filets de bulbilles des espèces choisies

Partagez-les !

Cultivez des oignons et des échalotes dans votre potager sur pieds. Le seul petit défaut de cette culture est qu'on trouve des filets de 50 bulbilles à semer, beaucoup trop pour les besoins des petits jardins et des terrasses. Certes, le prix reste dérisoire, mais ça fait toujours un peu mal au cœur de gaspiller. Tâchez de les partager autour de vous.

Pour les passionnés du bulbe

Plantez vers la mi-mars, lorsque les risques de gelées sont passés. Plantez les bulbilles la pointe vers le haut (c'est un peu idiot, mais il faut y penser !) en laissant tout juste affleurer la pointe à la surface. Tassez correctement sans quoi, avec quelques arrosages, le terreau va se tasser et démasquer les semences. Placez à exposition dégagée, arrosez modérément et seulement à partir des fortes chaleurs de l'été. Le suivi est réduit à sa plus simple expression : contentez-vous de désherber les quelques herbes indésirables occasionnelles. La récolte des oignons et des échalotes se fait lorsque tout le feuillage est sec, vers juillet-août. C'est vrai que c'est peu esthétique, on ne vous en voudra pas de faire ces cultures dans de grands pots (de 25 cm de diamètre au moins), à côté de votre potager sur pieds.

ET L'AIL ?

La culture de l'ail est similaire, pas besoin de faire l'emplette d'un filet de caïeux, dépiautez simplement une tête en autant de gousses et plantez-les de la même manière que l'oignon ou l'échalote, en février-mars. Récoltez en frais, lorsque le feuillage commence à jaunir, en juillet. De préférence, plantez l'**ail rose**, dit « de printemps », il pousse mieux à cette période.

Le bon choix

Le plus amusant est **'Extra hâtif de Barletta'**, c'est le fameux petit oignon blanc à confire dans du vinaigre. Son petit bulbe rond, blanc et lumineux est récolté en seulement 2 mois. Cultivez toutes les anciennes variétés **'Jaune paille des Vertus'**, **'De Brunswick'**, **'Stuttgarter'**, **'Rouge pâle de Niort'**, **'Très hâtif de Vaugirard'**, mais aussi les hybrides modernes, tous sont bons.

Question échalote, on distingue les grises des roses, ces dernières sont réputées plus goûteuses. Plantez **'Griselle'** ou **'Grisor'** pour les premières. Parmi les roses, plantez les demi-longues **'Melkior'** ou **'Mikor'**, et les longues comme **'Jermor'**, **'Longor'**, **'Pesandor'**, **'Vigarmor'**... les variétés sont très nombreuses. De manière générale, plantez ce que vous trouvez, le grand plaisir des oignons et des échalotes est avant tout de réaliser la (toute petite) prouesse de les faire pousser sur votre balcon.

L'AIL DES OURS

Complétez cet assortiment en semant de l'ail des ours (on trouve facilement des graines désormais) ↑. Semez clair et laissez pousser les touffes. Tout est bon dans cette plante, les feuilles, les fleurs, les tiges florales et même les racines bulbeuses. Finement hachées, toutes les parties de la plante parfument les courts-bouillons, les légumes, les viandes blanches et les volailles, les crudités et les salades, de son arôme aillé puissant et piquant qui rappelle l'ail des jardins, en plus fleuri.

Durée de vie

Bisannuelle et annuelles, 2 à 4 mois

Le potager *pour s'amuser*

Faire un potager sur son balcon suppose de rayer de la liste des possibles un grand nombre de légumes. Du moins, pour espérer des récoltes dignes de ce nom. Ce n'est pas une raison pour ignorer le plaisir de récolter un légume par-ci, un autre par-là. Juste pour la beauté du geste, pour la prouesse.

LISTE D'ACHAT

✓ 1 plant de chaque légume

Et si on essayait pour voir ?

C'est vrai que c'est un peu frustrant de voir des beaux plants de chou, d'aubergine ou de courgette, et de vous dire qu'ils sont interdits de séjour dans votre potager de balcon. En réalité, s'ils sont écartés, c'est pour leur rendement anecdotique. Sinon, techniquement parlant, vous pouvez les amener jusqu'au bout de leur culture. Alors, faites un peu (ou beaucoup) de place pour tous ces godets de rencontre, et ne vous privez surtout pas de faire pousser tout ce qui vous plaît, entre avril et octobre ; c'est la saison pour vous amuser au potager.

Nous donnons quelques exemples de ces recalés, mais la liste est bien plus longue.

L'aubergine

Les plants disponibles à partir de mai sont suffisamment développés, plantez-en un et buttez tout de suite son pied en ramenant le terreau contre le collet, ceci pour un meilleur enracinement. Tuteurez à la plantation. Lorsque les fleurs et les premiers fruits sont visibles, taillez l'extrémité des tiges pour favoriser le grossissement des aubergines. Pour cette culture ludique, conservez seulement 3 fruits par pied.

Toutes les variétés sont bonnes à prendre, les hybrides F1 actuels, comme **'F1 Baluroi'**, **'F1 Bonica'**, **'F1 Flavine'** et **'F1 Miriana'**, dépourvus d'épines. Achetez les yeux fermés **'De Barbentane'**, **'Violette longue'**, parmi les anciennes variétés, et pour l'originalité, **'Blanche ronde à œuf'**, ses fruits blancs semblables à des œufs ont une chair légèrement épicée.

MINI-AUBERGINE

La variété **'Picola'** est moins souvent proposée ; si vous avez la chance d'en trouver, cultivez-la pour ses petits fruits de 50 à 170 g seulement.

La poirée

Achetez un seul pied dès que vous en croisez, à partir d'avril-mai, car la plante devient volumineuse, même si, dans un potager de balcon, ses dimensions sont plus réduites qu'en pleine terre. Plantez, laissez pousser, moquez-vous des escargots (la seule plaie au jardin), réduits à faire les cent pas au pied de votre potager.

La récolte se fait feuille à feuille, en les cueillant avec une partie du pétiole, sitôt qu'elles vous paraissent suffisamment développées, de juillet jusqu'aux premières gelées.

Toutes les variétés sont recommandées, mais tant qu'à jouer, tâchez de trouver les poirées à pétioles colorés, comme **'F1 Bright Lights'**, un étonnant hybride aux cardes multicolores, en panachage, variant du jaune orangé au rose, en passant par le rouge lumineux et le rose intense. Il n'y a pas deux plants qui se ressemblent. **'F1 Bright Yellow'**, pour ses nervures jaune soufré à orange vif, à apprécier crue. Hélas, les couleurs disparaissent à la cuisson.

PETITE ET CRUE

'Rhubarb Chard' est une petite poirée qui ressemble à une rhubarbe, avec ses cardes rouge vif et ses limbes verts, teintés de rouge. Appréciez aussi ses feuilles crues.

Une petite place pour les moches

Loin des beaux poivrons bien carrés et réguliers, **'Petit Marseillais'** ← donne des petits fruits de 8 à 10 cm, comme tous les poivrons méditerranéens, de forme très bosselée, contournée. Il est un des meilleurs dans la catégorie des verts, à cueillir juste avant qu'il ne tourne à l'orange clair.

Le poivron

Plantez 1 ou 2 plants, le poivron est relativement peu encombrant, mais il a besoin de 30 cm d'espacement. Mettez en terre, buttez le pied et arrosez régulièrement. De l'eau et du soleil, c'est tout ce qu'il lui faut. Après l'apparition du premier bouquet de fleurs, taillez 2 ou 3 feuilles au-dessus du bouquet. Conservez 3 ou 4 fruits, pas plus.

Laissez de côté les gros poivrons carrés, les marchés en regorgent, misez sur l'originalité en cultivant **'Corne de taureau rouge'** pour ses longs fruits de 18 à 20 cm, arqués à complètement recourbés, à cueillir lorsqu'ils sont d'un beau rouge foncé. Plantez **'Doux très long des Landes'** →, un poivron traditionnel du Sud-Ouest long de 15 cm pour un diamètre de 2 cm, tout en douceur. À consommer cuit, mais aussi confit dans du vinaigre.

Le céleri branche

Habituellement, on cultive ce céleri au potager pour la production des côtes ; il faut alors, dans la plupart des cas, procéder au blanchiment, en fermant les plants une dizaine de jours avant la récolte. Oubliez cette manipulation sur le balcon et contentez-vous de le cultiver pour ses feuilles, indispensables dans les soupes de légumes, les pot-au-feu, les ragoûts.

Plantez un seul pied, en prévoyant qu'il va pousser tout en hauteur, laissez 20 à 30 cm d'espacement. Arrosez régulièrement et cueillez branche à branche au bout de 2 à 3 mois, jusqu'aux gelées.

Inutile d'être pointilleux sur la variété pour cet usage marginal, on vous proposera de toute façon les meilleures, **'D'Elne'**, **'Géant doré amélioré'** ou un des nombreux hybrides F1.

ÉPATEZ VOS AMIS

Pas faciles à trouver, mais originaux : cultivez les céleris à côtes colorées, comme **'Martine'**, une variété traditionnelle anglaise, à côtes rouges, très décoratives et de belles dimensions, et **'Giant Red'**, une ancienne variété anglaise aux pétioles rappelant ceux de la rhubarbe.

LE COIN DE L'AMATEUR DE COURGETTE

Il est plus facile de la trouver en sachet de graines, moins en plants poussés, mais ouvrez l'œil sur **'Blanche de Sicile'**, aux fruits vert clair, presque blancs. Sa chair dense est délicieuse crue, en carpaccio.

La courgette

La courgette est volumineuse, c'est beaucoup de grandes feuilles pour quelques petits fruits. Au potager, elle prend beaucoup de place, mais sur le potager au balcon, il y a moyen de trouver une petite astuce.

Achetez un seul plant, placez-le en bordure de potager sur pieds, pour la laisser dégringoler au dehors. Vous pouvez ensuite la laisser courir au sol. Laissez pousser et, lorsque les fruits sont visibles, taillez 2 feuilles au-dessus du dernier fruit retenu (le 5e, pas plus). Cueillez les fruits encore jeunes ; de toute façon, en grossissant, ils perdent de leur saveur.

Préférez les variétés à petits fruits comme **'Ronde de Nice'**, inégalable pour la densité et la finesse de sa chair ferme bien adaptée à la cuisson. On l'utilise pour les petits farcis niçois. **'Verte petite d'Alger'** donne de nombreux fruits vert clair et résiste bien à la chaleur qui règne sur les terrasses.

Herbes aromatiques

Durée de vie

Vivace, annuelle et bisannuelle, 3 mois à plusieurs années

Peu de place : le trio gagnant

Le monde des plantes aromatiques est vaste et riche. Peut-être un peu trop pour le débutant qui ne sait pas par où l'aborder. Ne jamais faire compliqué lorsqu'on peut faire simple, c'est la recommandation pour un jardin sans peine. Pour une bonne entrée en matière, cultivez le trio indispensable à toute cuisine.

LISTE D'ACHAT

- ✓ 1 plant de persil
- ✓ 1 plant de ciboulette
- ✓ 1 plant de basilic

Les indispensables

Quelques feuilles ciselées de l'une ou de l'autre de ces trois aromatiques, mais surtout pas deux ou les trois à la fois, suffisent à donner le relief attendu à toutes les préparations culinaires. En ce sens, elles sont irremplaçables, faciles d'emploi pour le cuisinier peu expérimenté. Attention seulement à ne pas les utiliser en trop grande quantité.

Une petite place suffit

Vous pouvez multiplier ces trois plantes par semis, mais réfléchissez au travail et à la perte de temps que cela représente quand on dispose de plants tout prêts, à tout moment de l'année, et pas seulement dans les jardineries, mais aussi dans les rayons légumes des moyennes surfaces, et ceci en plants issus de l'agriculture biologique. Il est plus judicieux de doubler la quantité, selon vos besoins, et de planter 2 plants de chacune, au lieu d'un seul.

Un trou, un plant, c'est déjà fini. Vous aurez pris le soin, au préalable, de délimiter la place consacrée à ce trio pas encombrant du tout, dans un carré de culture de 40 cm, en les positionnant en triangle.

Une bonne exposition ensoleillée, un terreau riche et maintenu frais en permanence (pour une fois, vous pouvez arroser le feuillage sans crainte), et les cueillettes peuvent commencer dès 15 jours, le temps à laisser pour l'enracinement des plants.

LE JOKER DU SUD

On a coutume de penser que la ciboulette est davantage attachée à la cuisine de la moitié nord du pays ; il est vrai que, dans le Sud, on lui préfère l'ail ou les cébettes, de petits oignons de printemps et d'été dont on mange les feuilles. Sortez votre joker du Sud et remplacez-la par un plant de thym ←. Le consensus aromatique est préservé.

La ciboulette

Si vous arrivez à dénicher les variétés **'Staro'**, **'Polyvit'** ou **'Twiggy'**, vous êtes très fort ou très motivé. Mais c'est bien du tracas pour pas grand-chose, la ciboulette **'Commune'** →, de loin la plus répandue, est largement suffisante. Sans indication variétale, c'est d'elle qu'il s'agit.

Le persil

Persil à feuilles plates ou à feuilles frisées ←, choisissez ou plutôt ne choisissez pas et cultivez les deux, faites-vous votre opinion pour couper court à un débat qui agite les cuisines et les potagers depuis des lustres, pour savoir lequel est le meilleur. Plantez **'Commun'**, à feuilles plates et larges, **'Géant d'Italie'**, une amélioration du précédent qui tend à le supplanter, il est réputé plus parfumé.

'Frisé', injustement cantonné à une utilisation décorative des plats, est pourtant très parfumé. **'Frisé Favorit'** en est une amélioration, plus robuste, ses tiges sont plus longues. **'Nain frisé'** est sans doute un descendant de **'Persil nain très frisé'** des catalogues des années 1950. Son port ramassé donne une végétation en boule dense appréciable pour gagner de la place dans votre potager sur pieds. Enfin, **'Lisette'**, qualifié de persil « mousse » par la densité de sa végétation qu'il doit à ses feuilles extra-triple. Son feuillage est très frisé, ses tiges de longueur moyenne. Bonne tenue au froid.

Le basilic

Pour le choix variétal, très étonnant d'ailleurs, reportez-vous p. 102.

Durée de vie

Vivaces, plusieurs années

Aromatiques des garrigues : *les indispensables*

Parmi les plantes aromatiques, les arbrisseaux des garrigues sont les plus riches en arômes, et pour cause : la production d'huile essentielle est une des parades qu'ils ont mises au point pour supporter la sécheresse. Sachez en profiter dans votre potager.

LISTE D'ACHAT

✔ **1 plant de chaque plante décrite**

Du soleil et rien d'autre

Peut-on encore parler de culture, tant celle de ces espèces habituées aux conditions rudes est réduite à presque rien ? Plantez un plant acheté en godet ou en petit pot, trouvez-lui une petite place, et c'est pratiquement tout. Lorsque vous ne cueillez pas, taillez pour ôter 15 cm de la longueur des tiges pour un plant de l'année, et jusqu'à 30 cm pour des plantes plus anciennes, afin d'entretenir la végétation. Si vous choisissez plusieurs plantes ou espèces, regroupez-les au même endroit, car elles ont les mêmes besoins en eau (ou en manque d'eau), ce sera bien plus facile à gérer. Faut-il le préciser, plein soleil pour tout ce petit monde d'arômes ?

Pour des saveurs plus riches…

Sans entrer dans les détails, sachez que la concentration en essence dans les cellules élève le point d'évaporation, et donc limite les pertes d'eau dans la plante. L'application directe pour vos récoltes est de suspendre les arrosages une semaine au moins avant la cueillette, pour que la plante en produise encore plus et soit plus riche en arômes.

UN COUP D'ŒIL AUX ÉTIQUETTES

La plante curry est devenue très courante dans les jardineries, elle est aussi étiquetée sous le nom de *Helichrysum angustifolium*.

La plante curry (Helichrysum italicum)

C'est une petite plante vivace poussant en touffe dense de 30 à 50 cm de hauteur, aux feuilles étroites et allongées ressemblant à celles du romarin, mais recouvertes d'un fin duvet argenté sur le dessus et presque blanches au revers. Elles sont fortement aromatiques, même lorsqu'on ne les froisse pas, il suffit qu'un pied soit à quelques mètres du premier nez venu pour qu'il capte sa forte odeur de curry, particulièrement le soir. En juin-juillet, la plante se couvre de petites inflorescences jaune soufré à orangé.

Laissez 20 à 30 cm d'espace pour son épanouissement. Pour la maintenir dense et ramifiée, taillez deux ou trois fois la touffe dans l'année, à l'entrée du printemps, une fois en cours de croissance et en fin d'été après la floraison.

Utilisez les pousses feuillées fraîches ou séchées, dans tous les plats cuisinés où on utilise le vrai curry (l'épice), avec du riz, dans les marinades, sur les poissons grillés, les viandes blanches…

La sarriette (Satureja montana)

Le pebre d'aï (poivre d'âne), en version originale, est une petite plante vivace herbacée de 20 à 40 cm de hauteur, aux tiges ligneuses à la base, très ramifiées et couchées au sol. Elles portent de petites feuilles vertes étroites, luisantes et coriaces, très fortement aromatiques. Entre juillet et septembre, elle produit de nombreuses petites fleurs blanches ou roses, parfois violacées, mellifères, en grappes situées à l'aisselle des feuilles.

Plantez-la plutôt en bord de potager, pour la laisser retomber à l'extérieur, et laissez 20 à 30 cm d'espacement, pour lui donner ses aises. Aucun soin particulier, pensez seulement à épointer les tiges si vous ne cueillez pas. Dans les régions les plus froides (elle résiste tout de même à – 15 °C), paillez à l'approche de l'hiver. Par la même occasion, coupez les tiges au ras, à 10 cm du sol.

Le goût de la sarriette vivace est piquant, légèrement amer, un brin camphré, et bien plus prononcé que celui de la sarriette annuelle ; c'est un brin de cette plante qui est déposé sur les petits fromages de brebis traditionnels, bien secs. Aromatisez vos vinaigres, les farces et les ragoûts, les plats de féculents classiques, haricots, lentilles, pois, fèves…

PLEIN DE PETITES SARRIETTES

À partir de la deuxième année, lorsque la sarriette est installée, multipliez-la par marcottage. Maintenez une petite tige au sol, en utilisant une épingle à cheveux, elle s'enracine toute seule.

La marjolaine (Origanum majorana)

L'origan des jardins (son autre nom qui prête un peu à confusion) est un sous-arbrisseau de 50 cm de hauteur, aux petites feuilles entières, de 1 à 2 cm, opposées, de forme ovale, légèrement dentées, d'un vert grisâtre. Le port de la plante est lâche, un peu désordonné. En juillet-août naissent de nombreuses petites fleurs blanches, rosées à mauves.

Elle est souvent cultivée en annuelle, c'est pourtant une vivace et vous avez tous les atouts pour la conserver d'une année sur l'autre dans votre potager de balcon. La seule cueillette des extrémités des rameaux (fleuris ou pas) tient lieu de taille d'entretien.

Vous apprécierez ses petits rameaux frais cueillis, mariés à la tomate, c'est une des meilleures associations qui soient dans la cuisine méditerranéenne. Sauce pour les pâtes, pizzas, ragoûts, plats de légumes… ont tout à gagner à la présence de la marjolaine, et de son arôme un peu âcre, mais plus fleuri que celui de l'origan. Attention aux temps de cuisson trop longs, ils font s'évanouir l'arôme de la marjolaine, vous avez intérêt à l'ajouter dans les 5 dernières minutes, avant de servir.

STOCKEZ LA MARJOLAINE

Comme le thym, la sarriette ou l'origan, la marjolaine se consomme fraîche et se conserve très bien une fois séchée. Faites des provisions dans des boîtes hermétiques.

L'estragon (Artemisia dracunculus)

C'est une vivace de 80 cm, mais que vous pourrez maintenir bien plus basse, entre 20 et 30 cm, aux nombreuses tiges ramifiées portant des feuilles étroites, allongées et lancéolées. Les fleurs blanches à verdâtres sont stériles et ne produisent pas de graines. Ce n'est pas un arbuste de garrigue, mais sa culture est identique, si ce n'est qu'il apprécie davantage les arrosages (un seul par semaine est suffisant).

Plantez-le par la même occasion dans votre composition pour profiter de son goût anisé et poivré à la fois. Dans les régions vraiment froides, protégez-le en hiver en posant le couvercle de protection de votre potager sur pieds.

L'arôme délicat de ses feuilles fraîches ou séchées accompagne les volailles comme les viandes, les légumes et les crudités, les sauces béarnaise, blanche, hollandaise, et les préparations condimentaires comme le vinaigre, les cornichons, les moutardes...

ET AUSSI...

L'origan, voir p. 104.

Durée de vie

Vivaces, plusieurs années

Le jardinage *bon thym*

Tout un chacun connaît le thym pour en avoir frotté quelques brins au creux de ses mains. Tout potager digne de ce nom se doit d'accueillir une touffe de cette aromatique qui est aussi une des plus anciennes plantes médicinales de notre pharmacopée.

LISTE D'ACHAT

✓ Des plants déjà poussés, le semis est bien trop long

Thym, farigoule, farigoulette, grand serpolet...

C'est la même plante. Le thym est un sous-arbrisseau originaire du bassin méditerranéen poussant en touffe de 20 à 40 cm (mais certaines espèces sont rampantes et prostrées), très ramifié, aux nombreuses ramilles portant de petites feuilles étroites, allongées, vert mat, dégageant une odeur puissante et camphrée. Entre mai et septembre, la floraison s'effectue en nombreuses petites fleurs blanches à rose violacé.

Ça sent déjà bon

Un plant, du soleil, très peu d'eau et le thym prospère. Vous n'avez rien à faire ; toutefois, si vous ne faites pas de cueillette, coupez en permanence 10 à 15 cm de toute la végétation, pour éviter à la touffe de s'ouvrir, il est alors très difficile de la reformer.

Thym et farigoule sur votre balcon

Lorsqu'on parle de thym, sans précision, il s'agit du thym ordinaire, *Thymus vulgaris*, le plus courant dans les garrigues du sud du pays. Toutefois, le monde des thyms se compte en dizaines d'espèces et de variétés. En cuisine, les nuances sont très nettes et à prendre en considération. Sur le plan médicinal, tous ont les mêmes vertus.

LE SERPOLET : L'AUTRE THYM

Le fameux serpolet *(Thymus serpyllum)* est aussi un thym au parfum caractéristique, plus fleuri. Il pousse en tapis ras, de 5 à 10 cm, que vous laisserez couler hors du potager en hauteur, sur 30 à 40 cm. Si vous en trouvez, plantez **'Lemon Curd'**, parfumé au citron, à floraison rose. Il est haut de 15 cm seulement et pousse en large touffe de 40 cm. Plantez aussi **'Coccineus'** une variété à petites feuilles persistantes, d'un beau vert sombre, qui prennent une coloration rouge violacée avec l'arrivée des premiers froids.

Thymus x citriodorus

Côté cuisine, plantez cet hybride de *Thymus vulgaris* et de *T. pulegioides* : il offre un feuillage persistant qui dégage une forte odeur citronnée ←. Il pousse en petite touffe régulière de 25 cm de hauteur et de 30 cm de diamètre. Plus rustique que l'ensemble des thyms, il résiste à – 15 °C et même moins, et sa floraison en petites fleurs mauves est particulièrement abondante. Cherchez aussi une de ses multiples variétés à feuillage panaché **'Silver Queen'**, **'Variegatus'** ou **'Doone Valley'**.

Thymus vulgaris 'Boule'

C'est auprès de pépiniéristes spécialisés dans les plantes de jardins secs que vous trouverez cette variété. Elle conserve toutes les caractéristiques du thym vulgaire, mais offre une silhouette très régulière, facile à entretenir avec quelques coups de sécateur. Floraison en avril-mai, abondante et qui recouvre entièrement la plante.

Thymus camphoratus

Originaire du Portugal, de 20 à 30 cm de hauteur et de 30 cm de diamètre, il pousse en belle boule régulière, bien arrondie ↑. Feuilles persistantes, triangulaires et vert-gris dégageant une forte odeur de camphre, aussi faut-il savoir l'utiliser en cuisine. Par contre, pour les infusions digestives, il est un des plus puissants. Il fleurit blanc en mai.

Durée de vie

Annuelle et vivaces, 4 mois à plusieurs années

Votre jardin d'aromatiques *pour l'ombre*

S'il y a un critère qu'on ne maîtrise pas sur les balcons, c'est l'exposition. Les architectes sont assez peu sensibles au jardinage, en général. Alors, il faut composer quelquefois avec le manque de soleil. Heureusement, comme tout problème, celui de l'ombre a ses solutions.

LISTE D'ACHAT

✓ 1 plant de chaque plante préconisée

✓ 1 sachet de graines pour la cressonnette

Pour toutes les expositions…

En dehors des essences poussant dans les garrigues baignées de soleil, comme le thym, la sarriette ou le romarin, un bon nombre de plantes aromatiques s'accommodent d'une part d'ombre légère ou d'une mi-ombre, d'autres supportent une ombre plus dense encore. De sorte que vous pouvez composer votre assortiment destiné à la cuisine dans de pareilles conditions.

Attendez le printemps

Attendez le début de printemps, la période de l'année où l'offre en plants d'aromatiques est la plus large en jardinerie, et complétez vos achats en fin de printemps au gré des arrivages pour créer votre « carré vertical » d'aromatiques. Donnez 30 cm pour un plant, quel que soit le dispositif de culture choisi, faites un trou de plantation, et c'est terminé. Avouez qu'on peut difficilement faire plus simple.

Le cerfeuil (Anthriscus cerefolium)

C'est une annuelle, de 50 à 70 cm, donnant de fines feuilles, délicatement parfumées ←. Sa saveur disparaît à la cuisson, il faut donc l'apporter haché au dernier moment, dans les plats cuisinés. Plantez-le en bordure de potager en hauteur, quitte à le laisser un peu retomber au dehors du potager.

L'oseille (Rumex acetosa)

C'est une plante potagère utilisée également comme condimentaire. Elle est appréciée pour

LA CRESSONNETTE

En automne et en hiver, mais aussi toute l'année, vous pouvez toujours produire cette plante condimentaire (*Lepidium sativum*) à l'intérieur de la maison. Il suffit de placer les graines à touche-touche dans une soucoupe contenant une épaisseur de 1 cm de terreau, d'arroser et de la placer à la lumière. En quelques jours seulement, la germination s'opère, et en 10 jours, vous récolterez les jeunes pousses feuillées tendres pour en parsemer les salades et les crudités.

ses grandes feuilles à la saveur acidulée. Elle est communément cultivée au soleil, mais elle apprécie une ombre légère, et même la mi-ombre, surtout en été et dans les régions du Sud. Vivace, elle reste en place en permanence. Voir p. 59.

La livèche (Levisticum officinale)

Au potager, elle est volumineuse, jusqu'à 2 m de hauteur avec sa hampe florale ➔. Mais dans un petit potager, où le volume est restreint, vous pourrez la cultiver comme un céleri branche. Appréciez son goût très marqué, dans les pot-au-feu notamment.

La mélisse (Melissa officinalis)

Au premier coup d'œil, vous pourrez la confondre avec une menthe, elle en est proche. Elle pousse en petite touffe vivace de 30 à 40 cm, portant des feuilles vertes, dentées, sur des tiges à section carrée. Elle s'en distingue par une note citronnée très nette ↓.

La menthe (Mentha spp.)

Reportez-vous p. 111. Plantez la classique, *Mentha spicata*, et complétez par deux autres espèces à saveur particulière, comme *M. citrata*, citronnée, et *M. aquatica* ↓.

L'absinthe (Artemisia absinthium)

Elle pousse habituellement au soleil, mais aussi bien sous une ombre légère. Elle est connue pour son alcool tristement célèbre, interdit au début du XXe siècle, mais c'est aussi une plante aromatique dont vous utiliserez les pousses feuillées pour aromatiser les salades, les plats cuisinés et pour faire des tisanes ↑.

Et aussi… la balsamite, ou menthe-coq, le basilic, le persil, la sauge, la bourrache…

Durée de vie

Annuelle, 3 à 4 mois

Pieds de basilics
pour potager sur pieds

Ça ne rate jamais, il arrive un moment de la saison estivale où la discussion arrive sur les mérites comparés du basilic à grandes feuilles et de celui à petites feuilles. Le point Godwin de la cuisine méditerranéenne. Laissez courir les discussions sans fin et clouez de stupeur vos amis : vous avez anticipé avec une collection à couper le souffle.

LISTE D'ACHAT

✓ 1 plant de basilic de chaque variété retenue à planter en mai.
Et à acheter tous les ans, car le basilic est une annuelle

Une plante aux nombreuses nuances

La saveur du basilic est indescriptible, elle fait de cette aromatique, dédiée à la cuisine d'été, une plante bien spécifique, impossible à remplacer. Ce qu'on sait moins, c'est que loin du basilic classique, connu de tous, il existe toute une palette de parfums et de saveurs, et pas besoin d'être un nez averti, toutes les nuances éclatent aux narines.

Laissez tomber les graines…

Pas pour les semer, non, pour leur préférer les plants. Car vous aurez besoin d'un seul plant de basilic par variété et un simple sachet contient des centaines de graines de trop. C'est ce que je fais, ça me permet au passage de rester poli, car j'avais pris l'habitude des Grecs antiques qui insultaient leurs semis de basilic pour les faire lever plus facilement. Prévoyez 25 à 30 cm, pour qu'un plant prenne ses aises, et faites votre choix en fonction des dimensions de votre potager sur pieds.

Exercez votre nez

Les basilics étonnants de parfum

'Cannelle', idéal pour les riz épicés et les plats asiatiques. **'Anis'** et **'Citron'**, connus aussi sous le nom de « basilic indonésien » pour les plats de poissons. Plus surprenant, **'Réglisse'**, un basilic à petites feuilles, compact et bien équilibré, exhale un parfum bien identifié de réglisse. Beaucoup plus exotiques et surprenants, **'Thaï Siam Queen'**, au goût très appuyé, est fréquemment mis à profit dans les plats asiatiques. **'Sacré de Thaïlande'** marie une note de cannelle à un goût profond de clou de girofle.

Les basilics à feuillage pourpre

Ils sont aussi parfumés que les basilics à feuilles vertes. Le plus courant est **'Dark Opal'**, à feuilles foncées, presque noires quand on les observe à mi-ombre. **'Purple Ruffles'** est reconnaissable à ses grandes feuilles dentées et sa couleur plus claire, légèrement blonde.

Les basilics à grandes feuilles

Le basilic à grandes feuilles de référence est la variété **'Genovese'**. Il est vigoureux, très parfumé, à feuilles vertes, luisantes et légèrement craquantes. Dans le sud de la France, on lui préfère **'Marseillais'**, une variété assez proche, avec des feuilles légèrement plus grandes et plus rondes. Il est un peu plus compact et a une meilleure tenue que **'Grand Vert'**. Parmi les curiosités à grandes feuilles et même à très grandes feuilles, vous trouverez **'Mammouth'** et surtout **'À feuilles de laitue'**, de véritables phénomènes de foire aux plantes, avec leur limbe de la taille d'une petite main, fortement cloqué à gaufré.

Les basilics à petites feuilles

Le champion de la culture en pot est **'Finissimo Verde'**. Il est très parfumé, et son feuillage très fin se marie admirablement avec un port compact presque en boule parfaite. Vous lui trouverez bien une petite place.

SURPRENANT BOUTURAGE !

Les vieux jardiniers habiles multiplient leurs basilics sous abri. Prélevez en août des boutures de tête de 10 cm sur des tiges suffisamment développées. Coupez sous un nœud (le point d'insertion des feuilles) et repiquez dans un terreau léger. Conservez à 18-20 °C. Les racines apparaissent en un mois environ.

Durée de vie

Vivace, plusieurs années

L'originalité *insoupçonnée de l'origan*

Son arôme particulier le fait ranger à part dans le vaste monde des aromatiques. On sait moins que ses nombreuses variétés participent de son originalité. Toutes sont décoratives, deux bonnes raisons pour accueillir l'origan dans votre potager en hauteur.

LISTE D'ACHAT

✓ **Des plants des variétés proposées**

Le roi de la pizza !

On pense souvent que l'origan est attaché aux cuisines du Sud, et particulièrement aux habitudes culinaires campagnardes et montagnardes. Il faut dire que son arôme très puissant, un peu rude, est davantage associé aux fromages de montagne, aux fougasses, aux pains rustiques, et bien sûr à la pizza, la vraie, la napolitaine, pas celles de l'industrie alimentaire qui a banni cette sauvageonne. Les vrais amateurs de vraie cuisine savent l'apprécier à sa juste valeur.

Sec plutôt que frais

Un plant, du soleil et un filet d'eau par semaine, l'origan est vraiment très facile à vivre. Associez-le aux aromatiques de garrigue (voir p. 94). Tous ont un port étalé, de 30 à 40 cm environ, pour autant de hauteur. Plantez-les au bord du jardin en hauteur, pour les laisser couler au dehors. C'est un précieux allié pour la décoration, sur les balcons et les terrasses, surtout si vous avez peu de temps à consacrer au jardin et si vous voulez vous absenter l'esprit tranquille pendant plusieurs jours.

Frais, l'origan tient déjà toutes ses promesses parfumées, profitez de sa période de pousse et de floraison pour le cueillir. Il se conserve très bien, on peut même dire que, séché, il se révèle supérieur, les arômes prenant le dessus sur le côté herbacé de la plante fraîche.

HAUT EN PARFUM

Origanum vulgare 'Hirtum' est méconnu, c'est sans doute le plus parfumé et le plus puissamment aromatique. La végétation est vigoureuse, pousse de 30 à 50 cm en tous sens, mais vous pouvez le maintenir autour de 25 à 30 cm par des tailles successives. Son feuillage est semi-persistant, il est donc peu décoratif pendant une partie de l'année.

Les variétés décoratives et parfumées

***Origanum vulgare* :** c'est le plus classique en cuisine. Il drageonne abondamment pour s'étaler en petit couvre-sol et fleurit en juin, en fleurs blanches à légèrement rosées. Ses feuilles sont très aromatiques, légèrement camphrées. Pour les amateurs de saveurs sauvages et authentiques.

***Origanum vulgare* 'Aureum'** : le même, mais à port plus arrondi et plus étalé, à feuillage vert clair, lorsqu'il est jeune, qui gagne en coloration pour atteindre le doré, en vieillissant ↑. Une petite splendeur dans le carré d'aromatiques lorsque le soleil frappe à contre-jour.

***Origanum vulgare* 'Compactum' :** ses entre-nœuds sont beaucoup plus courts et donnent un aspect ramassé aux pousses et une touffe de 20 à 25 cm qui ne demande pas la moindre taille. Les feuilles sont plus petites, mais aussi parfumées, les pousses fleuries plus trapues et de couleur rose plus intense.

***Origanum microphyllum* :** reconnaissable à ses toutes petites feuilles. La plante pousse en coussin compact, de 25 cm de hauteur et autant de largeur. En juin-juillet, la floraison est étonnante. Les jolies fleurs violettes s'épanouissent au-dessus de la plante en un petit brouillard coloré. Légèrement moins rustique (– 10 à – 12 °C), cet origan tient très bien à la sécheresse.

Durée de vie

Bisannuelle
et annuelles,
3 à 4 mois

Persil et *faux persils*

Le persil est une plante condimentaire des plus familières dans nos cuisines. Depuis quelque temps, le persil arabe, qu'on connaît davantage sous le nom de « coriandre », s'est imposé, mais reste cantonné aux plats orientaux ou exotiques. Quant au basilic chinois, il doit encore se faire connaître.

LISTE D'ACHAT

✓ Des sachets de graines ou, mieux, des plants en godets

Encore un trio gagnant

Bonne nouvelle pour le jardinier, ces trois plantes se cultivent presque de la même façon, raison de plus pour les regrouper dans votre potager en hauteur. De plus, une touffe de chaque est suffisante (allez, deux pour le persil, si vous y tenez !), c'est dire que vous aurez toujours une petite place à leur réserver.

Des plants, plutôt que des graines

Persil et coriandre ← se trouvent presque toute l'année sous la forme de plants en godet, même au rayon légumes des magasins alimentaires, le périlla est surtout proposé au printemps et presque toujours dans les jardineries.

Le persil

Sa culture et le choix des variétés sont déjà détaillés p. 93.

La coriandre

Elle a l'allure du persil, pousse en touffe de 30 cm et plus, sur des tiges cylindriques et dressées, mais elle s'en distingue par ses feuilles à la marge ondulée et frisée, qui sont d'autant plus découpées qu'on se rapproche du haut des tiges. Si le semis vous tente vraiment, semez en ligne en avril-mai, ou en septembre dans les climats doux, sous 1 cm de terre. Au stade 4 ou 5 feuilles, éclaircissez pour conserver un plant tous les 15 cm. Sinon, plantez un seul plant en lui laissant 20 à 30 cm d'espacement.

Bien utiliser la coriandre

Ciselez finement les feuilles de coriandre au dernier moment pour aromatiser les plats de viandes rouges, d'agneau, de mouton, de viandes blanches, de poissons ou des plats de légumes. Attention à la chaleur, l'arôme volatil de la coriandre est vite détruit.

Le périlla de Nankin

Un rapide coup d'œil peut le faire prendre pour un basilic à feuillage pourpre foncé ➔. Semez en terrine en avril-mai pour un repiquage un mois plus tard ou, si vous en trouvez, plantez plutôt un godet et donnez une exposition bien ensoleillée, car il est un peu frileux. Entretenez le périlla comme vos basilics. Apportez des arrosages réguliers, mais attention aux excès d'eau qui provoquent les pourritures, et surtout des pinçages réguliers de toutes les extrémités des tiges pour l'étoffer en permanence.

Le périlla en cuisine

Il entre dans la composition du shishô caractéristique des sushis. Plus largement, on le retrouve dans toutes les cuisines asiatiques. Son arôme qui balance entre l'anis, la cannelle et la mélisse, légèrement fleuri, est particulièrement subtil. Ajoutez les feuilles ciselées aux plats cuisinés au dernier moment, aux salades et crudités, aux poissons…

LE CHOIX DU JARDINIER

La variété la plus classique est ***Perilla frutescens* 'Nankinsis'**, aux grandes feuilles pourpre intense, presque noires. Mais si vous trouvez d'autres variétés, ne vous privez pas de les cultiver, telle **'Atropurpurea Laciniata'**, aux feuilles découpées. Craquez pour **'Crispa'**, aux feuilles vertes crépues, et ne passez pas à côté de ***Perilla frutescens***, le plus simple, à feuilles vertes.

Durée de vie

Vivace, plusieurs années

Mon petit carré de sauge

On qualifie de « toute-bonne » la sauge officinale pour ses nombreuses propriétés médicinales. Pour être rigoureux c'est la sauge sclarée qui devrait mériter ce surnom. En cuisine, son champ d'action est plus restreint, mais avec sa saveur sauvage, légèrement âcre, elle est irremplaçable.

LISTE D'ACHAT

✓ 1 plant de sauge officinale par variété choisie (1 godet de 7 cm de diamètre) ou 1 plante en conteneur (jusqu'à 2,5 l)

Un bon plant

Une fois encore, simplifiez-vous la vie en plantant directement des plants en automne ou au printemps et délaissez le semis. La croissance de la sauge est rapide ; en fin d'été, vous aurez une touffe qui débordera de votre petit jardin portatif. Dans un potager d'angle, plantez un seul sujet pour qu'il prenne toute son ampleur. Et pour l'agrémenter en été, semez quelques graines de capucines ou de pois de senteur que vous laisserez cascader. Dans un jardin sur pieds rectangulaire, vous aurez la place pour plusieurs variétés, à raison d'une touffe tous les 30 cm. Bien entendu, vous pouvez vous contenter d'un seul pied de sauge dans un potager sur pieds d'aromatiques variées ou de plantes fleuries.

À côté de l'espèce botanique, la plus classique, vous pourrez planter un assortiment de variétés de sauge officinale, toutes ont les mêmes propriétés médicinales et les mêmes usages en cuisine.

Toutes les bonnes toutes-bonnes

***Salvia officinalis* 'Berggarten'**

Une amélioration plus compacte, plus robuste, aux feuilles au moins deux fois plus grandes que celle de l'espèce botanique.

***Salvia officinalis* 'Purpurascens'**

Ses feuilles sont plus étroites, plus lancéolées, d'un violet soutenu sur les pousses jeunes qui tend à s'éclaircir lorsque le feuillage vieillit. Sa floraison semble moins fixée et offre des variations de tons bleus à mauves en passant par le violet.

PRENEZ LA SAUGE PAR LA TAILLE

La sauge officinale pousse en largeur, la touffe a tendance à s'ouvrir et à s'avachir. Pour éviter ce désagrément, pincez régulièrement tous les départs, entre mai et septembre, même si vous ne prélevez pas la plante aromatique pour la cuisine. Vous devrez alors vous passer de la floraison en juin-juillet. Dans tous les cas, vous pouvez la couper court pour la régénérer en début de printemps, elle repart toujours sur de nombreux bourgeons.

***Salvia officinalis* 'Icterina'**
Sauge à feuilles panachées de vert et de doré. Dans le Sud, elle fleurit aussi bien que les autres, mais dans la moitié nord du pays, la floraison est moins généreuse. Il en existe une variété, **'Goldblatt'**, aux tons plus intenses.

***Salvia officinalis* 'Tricolor'**
La sauge tricolore apporte une touche supplémentaire d'originalité, avec ses trois tons différents qui marquent les feuilles. Un assortiment de blanc crème et de rose-violet, qui vient border les limbes vert bleuté, sombres. Tout l'été, la floraison rose lumineux à mauve égaye la plante. Son port assez compact est intéressant pour la culture en pot.

***Salvia officinalis* 'Rosea'**
Variété à floraison abondante tirant nettement vers le rose, tendre lorsque la plante est placée en pleine lumière, et plus clair en plein soleil. Mais la délicatesse des fleurs se marie assez mal avec les fortes chaleurs du Sud, où on a intérêt à la placer sous une ombre légère, sa floraison est alors moins généreuse.

***Salvia officinalis* 'Alba'**
Identique à la précédente, mais à floraison blanche.

Durée de vie

Vivace, plusieurs années

De la menthe ? *Non, des menthes*

Ah, si toutes les plantes pouvaient être aussi faciles à cultiver que la menthe. Un véritable jeu d'enfant, et même pas surdoué ! Et un jeu pour les enfants et les grands de découvrir la grande diversité variétale et les incroyables nuances de chocolat, d'ananas, de bergamote, de gingembre, et on en passe.

LISTE D'ACHAT

✔ **Des plants en godet pour toutes les variétés de votre choix. Évitez le semis, facile mais long**

Laissez-vous tenter…

La menthe, on peut la planter toute l'année, même lorsque toute végétation a disparu pour laisser des godets tristounets. Ne vous laissez pas distraire par ces pots « vides », sitôt que vous rencontrez une menthe originale, ajoutez-la illico à votre collection. Car cette plante, dans sa grande diversité, est si étonnante qu'elle mérite une grande place dans votre potager sur pieds. Vous pourrez compléter par des plantes en pot, car sitôt gagné par la fièvre de la menthe, vous constaterez qu'il est trop petit !

À vos godets !

Un trou, un godet planté tous les 30 cm. C'est fini ! Si vous trouvez plus simple, contactez-moi. Laissez votre potager en plein soleil ; éventuellement, déplacez-le à mi-ombre si vous manquez de place, mais pas sous une ombre dense. Deux fois par an, au printemps et en automne, apportez une poignée de compost bien décomposé pour entretenir la fertilité du terreau. Au plus fort de l'été, arrosez tous les jours. En l'absence de cueillette, coupez les plus grandes tiges pour renouveler la végétation. En fin d'hiver, coupez tout au ras, la menthe redémarre sur de nombreux bourgeons.

Succombez à la collectionnite

La plus classique, à grandes feuilles, est la **menthe verte** *Mentha viridis* ou *M. spicata,* mais d'autres espèces et variétés sont

DES MENTHES À VOLONTÉ

Rien de plus facile que de multiplier la menthe. Observez la croissance de la plante : elle produit de longs stolons à la surface du sol qui s'enracinent spontanément. Il suffit d'en prélever des tronçons munis de quelques radicelles et de les replanter pour obtenir de nouveaux plants. Simplissime !

employées aussi bien en médecine qu'en parfumerie et dans l'industrie alimentaire. Parmi les plus connues, la variété **'Nanah'**, ou menthe marocaine, qui donne les grands bouquets généreux pour le thé, la **menthe poivrée** *Mentha* x *piperita*, plus forte, et la variété **'Mitcham'**, soit le fameux *peppermint* des Anglais, très employé en confiserie.
Froissez la feuille d'une variété de menthe, vous constaterez facilement que, si toutes ont une odeur et un goût de menthe, certaines ont des fragrances remarquables. Il n'est pas la peine de s'étendre en longues descriptions, les noms parlent d'eux-mêmes : découvrez la menthe-chocolat, la menthe-gingembre, la menthe-bergamote (celle entrant dans la composition de l'eau de Cologne), la menthe-anis, la menthe-pomme, et encore la menthe-ananas ou la menthe-banane : c'est flagrant !

FAITES VOS PROVISIONS

La menthe séchée est bien moins parfumée que la fraîche, mais reste très aromatique. L'erreur est d'attendre le dernier moment pour la cueillir et la faire sécher ; prélevez, au contraire, des tiges feuillées bien saines et en pleine croissance. Suspendez les arrosages 10 jours avant pour qu'elles soient plus riches en menthol.

Durée de vie

Vivaces, plusieurs années

Cuisine exotique : cap sur la lointaine Asie

Les ingrédients de la cuisine asiatique, celle du Vietnam, du Laos ou de la Thaïlande, sont simples. Ses plats doivent beaucoup aux condiments et aux épices. Certains sont déjà à portée de main sur votre potager.

LISTE D'ACHAT

✔ Des plants plutôt que des sachets de graines pour les semis (pensez aux épiceries asiatiques)

Le tulbaghia (Tulbaghia violacea)

Les jardiniers du Sud connaissent bien cette plante bulbeuse, utilisée principalement dans son rôle ornemental, y compris dans les espaces verts des villes. Elle pousse en petite touffe de 40 à 60 cm de feuilles rubanées, et en fin de printemps et au cours de l'été, elle fleurit en petites fleurs en clochettes violettes, portées par des hampes florales. Ce qu'on sait moins, y compris dans le Midi, c'est que ses feuilles et ses fleurs (et ses bulbes) sont comestibles. Les Anglais baptisent la plante *society garlic*. Plantez tout de suite une plante en pot, au soleil ou à mi-ombre, et veillez à maintenir le sol frais en permanence. Dans les régions froides, protégez-la en hiver. Ciselez finement les feuilles, à l'image de la ciboulette, pour en parsemer les plats au dernier moment.

Le houttuynia (Houttuynia cordata)

Cette plante rustique est surtout connue chez nous pour sa forme à feuillage multicolore, panaché de rouge, de jaune et de vert ↑, c'est la fameuse plante caméléon. Les amateurs de pièces d'eau connaissent aussi la forme à feuillage vert, plantée sur les rives →. Vous n'aurez aucun mal à vous procurer une plante en pot en jardinerie. Plantez dans l'endroit le plus mouillé du potager, par exemple à la base qui recueille les excès d'eau d'arrosage. Les feuilles sont aromatiques, utilisez les jeunes pousses feuillées sur les crudités. Il existe une forme japonaise, au goût de gingembre et de citron, et une chinoise, qui rappelle la coriandre. Mais c'est affaire de spécialistes pour les trouver.

ET AUSSI...

Le basilic, voir p. 102.
La coriandre, voir p. 106.
La mélisse, voir p. 101.
La menthe, voir p. 110.
La persicaire odorante, voir p. 77.
La verveine citronnelle, voir p. 122.

La citronnelle (Cymbopogon citratus)

La véritable citronnelle est une grande graminée poussant en touffe de feuilles étroites, souples, aux bords coupants ←. Au jardin de climats doux, elle atteint 1 m, mais on peut la contenir bien plus basse, d'autant plus que la partie intéressante est la base renflée des feuilles. En outre, elle est gélive, il faut donc réserver sa culture au potager de balcon au sud du pays, dans ses zones les plus chaudes. Ailleurs, vous pouvez la cultiver en pot, à protéger en hiver. Dans votre potager en hauteur, placez-la excentrée, en bordure, pour la laisser pousser en dehors de ses limites. Coupez, coupez et coupez encore pour la maintenir basse et l'étoffer. Ciselez les feuilles, et surtout leur base, dans les plats cuisinés exotiques, dans l'eau de cuisson du riz, dans les farces...

Plantes du bien-être

Durée de vie

Vivaces, plusieurs années

Votre potager de bien-être

Lorsqu'elles ne finissent pas en cuisine, les plantes aromatiques sont bénéfiques pour la santé et la beauté. Avec un assortiment de quelques espèces bien choisies, à vous la maîtrise des produits cosmétiques de base et les infusions apaisantes.

LISTE D'ACHAT

✓ **1 plant de chaque plante préconisée**

Point trop n'en faut

Une des qualités des plantes aromatiques repose sur la puissance de leurs arômes et la concentration de leurs essences. Aussi vous devez cultiver seulement un sujet de chaque espèce pour votre consommation courante. Un avantage à mettre à profit dans votre potager de balcon.

Un assortiment bien pensé

De plus, l'entretien de ce carré de santé réclame bien peu de temps et de place. Simplifiez-vous la vie en plantant un plant de chaque plante, acheté en godet, et regardez pousser. Toute petite précaution : taillez ou épointez les végétaux si vous ne prélevez pas, pour les conserver bien touffus.

Le romarin (Rosmarinus officinalis)

Culture

Placé en plein soleil, le romarin n'a besoin d'aucun soin particulier, mais il est plus beau avec un arrosage hebdomadaire. Suspendez l'apport d'eau 10 jours avant de cueillir pour renforcer la teneur en huile essentielle. Dans votre potager de balcon, il est plus judicieux de cultiver les variétés rampantes ou retombantes, en les positionnant en bordure du contenant, toutes les variétés ont les mêmes vertus médicinales et cosmétiques. Il existe aussi des variétés à fleurs blanches et roses. Vous trouverez facilement ***Rosmarinus officinalis* 'Prostatus'** à port étalé, il pousse jusqu'à 1,50 m de long. Floraison en février-mars, bleu

UN BRIN DE ROMARIN DANS LES CHEVEUX

Le romarin est un bon désinfectant du cuir chevelu et il combat les pellicules. La sauge donne un bel éclat aux cheveux blonds et renforce la brillance des chevelures foncées. Préparez une lotion de ces deux plantes. Coupez 50 g de feuilles de romarin, 50 g de feuilles de sauge, fraîches ou séchées, et plongez-les dans 60 cl d'eau bouillante. Laissez infuser pendant 2 heures, puis filtrez, versez dans une bouteille fermée et placez au réfrigérateur. Cette lotion se conserve peu, utilisez-la dans la semaine. Versez la lotion sur des cheveux lavés et rincés, laissez agir pendant 30 minutes, rincez à l'eau claire et séchez les cheveux.

soutenu. Également répandu, vous trouverez ***R. officinalis* 'Repens'** (il faut dire que, souvent, les deux sont confondus au niveau de l'étiquetage), à la végétation pus dense et vigoureuse, donnant un tapis continu. Floraison bleu ciel de février à avril, puis en septembre-octobre. Insistez pour trouver ***R. officinalis* 'Pointe du Raz'**, son port est très prostré et il forme un coussin large et dense. Ses feuilles sont courtes, vert foncé, c'est un des meilleurs. Floraison abondante, bleu ciel à soutenu.

Utilisations

En infusion, le romarin facilite la digestion, combat les migraines et les maux de tête. C'est aussi un antiseptique et un antispasmodique, un tonique qui améliore la circulation sanguine.

L'hysope (*Hyssopus officinalis*)

C'est un arbuste ↓ que vous pourrez maintenir à 30 cm de hauteur par des tailles répétées, qui dégage un parfum épicé, mentholé et camphré à la fois. En taillant régulièrement, vous vous passerez des fleurs bleu intense.

Culture

C'est une plante rustique qui pousse en montagne, à cultiver sur son balcon dans toutes les régions. Du soleil, un peu d'eau, et c'est tout.

Utilisations

Faites une petite cure de quelques jours d'une infusion de 30 g de pousses feuillées par litre d'eau bouillante pour faciliter la digestion, lutter contre les flatulences et les maux de ventre. Et découvrez son usage en cuisine pour aromatiser les viandes blanches, les poissons et les légumes.

La sauge officinale (Salvia officinalis)

La culture et les variétés sont détaillées p. 108.

La sauge est un désinfectant et adoucit les inflammations. Une infusion de feuilles séchées, en gargarisme, soigne le mal de gorge, apaise la douleur inflammatoire. En bain de bouche, elle soigne les aphtes et les gingivites.

REDÉCOUVREZ LA POUDRE

Préparez une poudre de sauge et de menthe, la première plante pour ses propriétés antiseptiques, la seconde pour sa saveur rafraîchissante. Quant au sel marin utilisé, grâce à ses propriétés abrasives, il laisse les dents d'une blancheur éclatante.
Ciselez finement 15 feuilles de sauge officinale et autant de feuilles de menthe. Étalez dans un plat allant au four, saupoudrez de 25 g de gros sel et faites sécher pendant 20 minutes pour que les feuilles deviennent craquantes. Pilez le tout dans un mortier avec un pilon, tamisez dans une passoire à infusion et utilisez une fois par semaine sur votre brosse à dents.

La menthe (Mentha spp.)

Voir p. 110.
Toutes les menthes calment les migraines, sont stimulantes et apaisent les démangeaisons, les petites irritations cutanées, appliquées en compresse.

Le thym (Thymus vulgaris)

Voir p. 98.
Le thym est un puissant antibactérien, donc un bon désinfectant. En infusion avec du miel, il traite le mal de gorge et les inflammations ; pris sans sucre, il favorise la digestion et combat les nausées. En fumigation, il nettoie la peau du visage.

La mélisse (Melissa officinalis)

Voir p. 101.
La mélisse est stimulante, antispasmodique et calmante. En infusion, elle combat l'excès de nervosité et soigne la migraine. Par sa forte production d'essence, elle tient les insectes éloignés. Elle existe aussi sous sa forme à feuillage panachée décorative, mais aussi intensément aromatique.

La sarriette (Satureja montana)

Voir p. 95.
L'infusion des sommités fleuries appliquée en lotion combat les peaux grasses. En ingestion, elle facilite la digestion et combat les nausées.

La lavande (Lavandula officinalis)

Voir p. 124.
Son infusion combat l'hypertension et soigne les migraines. En bain de bouche, elle purifie l'haleine.

L'origan (Origanum vulgare)

Voir p. 104.
Le « thé rouge », ainsi qu'on nomme l'infusion d'origan, faite de fleurs et de feuilles, permet de lutter contre la toux, les états fébriles et la mauvaise digestion. En inhalation, il dégage les voies respiratoires et soulage la toux.

Durée de vie

Annuelle et vivace, 4 mois à plusieurs années

Les bonnes plantes *digestives*

La digestion est quelquefois un peu capricieuse et a besoin d'un petit coup de pouce pour se faire oublier. Heureusement que de nombreuses plantes aromatiques ont des propriétés digestives. Quelques espèces bien choisies, et vous voilà paré !

LISTE D'ACHAT

✓ 1 plant de chaque espèce préconisée

Si nombreuses…

La plupart des aromatiques sont des plantes digestives, à des degrés divers, comme le thym, le romarin, l'origan, la sauge officinale, la verveine citronnelle, la plante curry et bien d'autres encore. Voici un petit complément pour utiliser au mieux la place disponible dans votre potager de balcon.

Des infusions en vue

Une fois encore, la plante digestive bénéficiera des arrosages et de la nutrition que vous apportez déjà à vos autres cultures, à commencer par les légumes. Aussi, une fois en place, elle jouera la discrète, se contentant de pousser à son rythme. Vous n'aurez plus qu'à récolter le moment venu et faire vos infusions bienfaisantes.

L'agastache anisée (*Agastache foeniculum*)

Comme toutes les plantes anisées, l'agastache est utilisée pour faciliter la digestion. C'est une plante vivace assez développée, au moins 80 cm, que vous pouvez maintenir plus basse en la taillant. Il faut chercher un peu dans l'assortiment des aromatiques en godet, car elle n'est pas systématiquement proposée en jardinerie.

Culture

Cultivez-la au soleil ou à mi-ombre, maintenez sa fraîcheur au terreau par des arrosages réguliers et, en automne, épandez un engrais organique. N'hésitez pas à couper court à 15 cm à cette période.

Utilisations

Une bonne infusion facilite la digestion et soulage les maux de ventre.

ET AUSSI...

La menthe
Un bel assortiment de menthes est détaillé dans la fiche p. 110, toutes ont les mêmes vertus pour améliorer la digestion.

L'estragon, voir p. 97.
Le persil, voir p. 93.
La sauge, voir p. 108.

L'aneth (*Anethum graveolens*)

Cette plante herbacée pousse entre 80 cm et 1 m au jardin, mais sur votre balcon, vous n'aurez aucun mal à la maintenir bien plus basse par des tailles répétées. Comme beaucoup d'aromatique, elle se double de propriétés médicinales.

Culture

Plantez directement un sujet en godet à partir de mars-avril selon les régions et cultivez en plein soleil, sans autre soin que d'apporter des arrosages réguliers. Quelques attaques de pucerons se manifestent sur les jeunes pousses, supprimez les extrémités atteintes.

Utilisations

En pleine terre, on a intérêt à laisser fleurir et fructifier l'aneth, car ce sont surtout les fruits qui ont des propriétés médicinales. Toutefois, les parties aériennes, fraîches ou séchées, ont les mêmes vertus, il suffit de doubler les doses de matière végétale dans les infusions.
Utilisez-les pour traiter les nombreux troubles associés à une mauvaise digestion, les crampes d'estomac, les remontées acides, les flatulences, les ballonnements... L'aneth est aussi cholérétique et cholagogue, il favorise la sécrétion de bile et son élimination. C'est par ailleurs un bon diurétique.

Durée de vie

Annuelles et vivaces, 3 mois à plusieurs années

On jardine et on se relaxe

Le jardinage est une des meilleures façons de combattre le stress et retrouver votre calme. Alors, quand vous cultivez des plantes réputées pour les vertus relaxantes de leurs infusions, vous gagnez sur les deux tableaux.

LISTE D'ACHAT

✔ 1 plant de chaque espèce préconisée

On plante, et c'est tout !

Pour chaque plante, il suffit de faire l'achat d'un plant en godet ou en pot, et de lui trouver une place dans le potager. Toutes sont d'une culture très facile, elles vivent en profitant du terreau et de l'eau déjà apportés pour les légumes.

La verveine citronnelle (Aloysia triphylla)

Au jardin, c'est un grand arbuste vivace qui peut atteindre 4 m de hauteur, mais couramment, on la cultive en pot et on la maintient à moins de 50 cm et même moins, car elle se prête très bien à la taille.

Culture

À tout moment, vous pouvez la tailler à la hauteur désirée, de nombreux bourgeons axillaires redémarrent toujours. Et comme sa végétation est un peu désordonnée, vous pouvez la planter en oblique pour la faire pousser, pour partie, hors du potager.

Placez-la en plein soleil, à l'abri des coups de vent. La verveine est suffisamment rustique (– 15 °C) pour être cultivée un peu partout. En fin d'hiver, taillez court tous les rameaux de l'année, en laissant 2 ou 3 bourgeons à la base de chacun.

Utilisations

À partir de l'été, car la chaleur exalte la production d'huile aromatique, cueillez les grandes feuilles rêches de la verveine pour faire tout de suite des infusions, et pendant tout l'été, pour faire des provisions.

Elle améliore la digestion, atténue les ballonnements, les flatulences et les acidités gastriques. En outre, elle améliore le sommeil, calme les états anxieux et atténue les palpitations et les vertiges.
Appliquez l'infusion de verveine en compresse sur les yeux bouffis pour les décongestionner et ajoutez quelques poignées de feuilles dans le bain pour le plaisir et pour leur effet sédatif.

La camomille allemande (Matricaria recutita)

C'est une plante annuelle herbacée de 30 à 40 cm, mais sa végétation souple permet de la faire pousser dans les interstices du jardin vertical, hors du potager.

Culture

Vous pouvez semer en mars, mais il est plus facile de planter un ou deux godets, ils sont disponibles assez tôt en jardinerie. Vous n'avez rien à faire d'autre que de la regarder pousser, en plein soleil. Elle est quelquefois la cible des pucerons noirs, coupez les jeunes parties atteintes.

Utilisations

Récoltez les fleurs au fur et à mesure de leur apparition, et mettez-les à sécher pour les infusions à venir. Elles calment la toux, les inflammations, les rougeurs, mais surtout, elles aident à retrouver un sommeil apaisé.

ET AUSSI...

Le basilic
Voir p. 102. Précisons que toutes les variétés ont les mêmes propriétés médicinales.
La lavande
Voir p. 124. Utilisez toutes les lavandes, avec une petite préférence pour la stéchade *(Lavendula stoechas)*.
La mélisse, voir p. 101.

Durée de vie

Vivace, plusieurs années

La Provence *sur votre balcon*

Ça fait un peu cliché, on est d'accord, mais la lavande, c'est la Provence. Et inversement. On résiste peu à l'envie d'en faire fleurir sur son balcon. Pour un effet graphique, vous pourrez en cultiver sur toute la longueur de votre potager sur pieds, pensez alors à varier les espèces et les variétés.

LISTE D'ACHAT

✔ Des plants en godet ou en conteneur de 2 l des espèces et variétés retenues

Opulente lavande...

La lavande est toujours proposée en petit pot, mais c'est un sous-arbrisseau qui prend de l'ampleur, les grands champs du sud du pays en témoignent, une belle touffe affiche 1 m de diamètre. Aussi, il est plus judicieux de la planter sur un côté de votre jardin sur pieds, même si elle en déborde largement, ou dans un potager sur pieds d'angle, prévu pour accueillir une seule plante.

Au sec, mais pas trop

La lavande aime le soleil et supporte la sécheresse. Mais pour avoir des plantes pleines de santé et agréables à voir, il est important de les arroser régulièrement, en laissant le terreau se ressuyer entre deux arrosages afin d'éviter les excès d'eau, synonymes de pourrissements. Utilisez un terreau léger, aéré pour la même précaution. Une fois par an, en automne, apportez trois ou quatre poignées

DES LAVANDES DE PRO

Un seul pied de lavande, mais qui embaume ? Choisissez les améliorations mises au point par les professionnels de la filière de la lavande à parfum, depuis des générations. Moins faciles à trouver, elles méritent le détour. Partez en quête de **'Grosso'**, **'Abrialis'**, **'Sumiani'**, **'Super'**, **'Maillette'**, **'Matheronne'**...

de compost ou de terreau neuf au pied. Le reste du temps, l'entretien se résume aux tailles. Car sans cette précaution, la plante s'ouvre, produit du gros bois, et il est pratiquement impossible de la reconstituer. Après la floraison, en juillet la plupart du temps, récoltez les grands épis pour les mettre à sécher ; par la même occasion, coupez 10 à 15 cm de végétation, cela vaut pour une taille d'entretien. Faites une deuxième taille en automne ou en fin d'hiver juste avant le redémarrage de la croissance.

Des lavandes plein le nez

La lavande à feuilles étroites, *Lavandula angustifolia*, est la plus classique. Pour optimiser la surface disponible, choisissez ses variétés naines et jouez de leurs nuances. **'Munstead Dwarf'** : hauteur 40 cm, feuillage gris, duvet blanc sur les jeunes pousses. Floraison juin à fin août, bleu clair. Parfum très intense. **'Hidcote Blue'** et **'Hidcote Pink'** : hauteur 30 à 40 cm, feuillage gris-vert, large, légèrement duveteux. **'Royal Purple'** : hauteur 20 à 30 cm, feuillage gris-vert. Floraison juin, en épis violet intense. Parfum d'intensité moyenne.

Quelques lavandes originales ont leurs épis terminés par de grandes bractées qui forment un petit toupet (les jardineries adorent !). ***Lavandula stoechas***, à feuillage gris-vert, produit de magnifiques épis carrés et denses, d'un très beau violet profond. Les fleurs sont parfumées, et la floraison est très précoce, en avril-mai. Elle pousse sur les sols acides, ajoutez quelques poignées de terre de bruyère pour favoriser l'intensité de sa couleur. Dans un terreau ordinaire, préférez la lavande papillon, ***L. stoechas* subsp. *pedunculata***, très proche d'aspect, mais dont le toupet terminal est plus prononcé. Ces deux lavandes ont une hauteur et une largeur de 60 cm.

Durée de vie

Annuelles et vivaces, 3 mois à plusieurs années

Le charme gourmand *des fleurs comestibles*

De nos jours, on redécouvre les fleurs en cuisine ; pourtant, l'habitude d'en consommer est aussi ancienne que la cuisine, dans toutes les civilisations. Si plus de 250 fleurs courantes sont comestibles, elles sont très inégales en saveur. Cultivez dans un premier temps les classiques et les plus simples à faire pousser.

LISTE D'ACHAT

✓ Des sachets de graines des espèces retenues, éventuellement des plants à acheter en mai, si vous avez pris du retard sur les semis.

Bien choisir

Dans la liste classique des fleurs comestibles on trouve beaucoup d'espèces dont la plante entière est déjà fortement aromatique. L'intérêt d'utiliser des fleurs de thym, de ciboulette, d'ail est peu judicieux, sauf à les employer comme décoration au moment de dresser les plats. Je vous conseille de réserver votre potager sur pieds aux espèces dont les fleurs ont une saveur caractéristique et qui sont d'une culture aisée. Il est inutile de consacrer de la place à produire votre propre safran, par exemple.

La capucine

Culture

De mars à mai, semez les grosses graines une à une, à 2 cm de profondeur tous les 10 cm. Semez en périphérie pour laisser les touffes cascader à l'extérieur du potager. En 8 à 15 jours naissent les plantules aux cotylédons dentés. Par la suite, maintenez le sol frais. Placez les capucines en plein soleil pour une floraison éclatante. Traitez les pucerons noirs et les mouches blanches par un insecticide végétal, en cas d'infestation.

Utilisations

Entre juin et octobre, cueillez les fleurs fraîches pour agrémenter les plats et pour goûter à leur saveur piquante et légèrement poivrée. Les boutons floraux sont également comestibles, confits dans du vinaigre, c'était autrefois la contrefaçon la plus courante des câpres. Les feuilles sont également appréciées pour leur goût aillé, elles sont riches en vitamine C.

La bourrache

Culture

Semez en place au mois de mars et jusqu'en juin. Lorsque les plants ont quelques centimètres, éclaircissez pour en laisser un tous les 20 cm. Je conseille, toutefois, l'achat de plants tout prêts. Arrosez peu et donnez le plein soleil.

Utilisations

Entre mai et septembre, utilisez les fleurs fraîches et découvrez leur goût iodé, évoquant un peu l'huître. Toutes les parties de la plante sont comestibles, mais ce sont surtout les jeunes feuilles, les pousses feuillées (elles ont un petit goût de concombre) et les fleurs qui sont consommées en salade, dans les mayonnaises et les préparations condimentaires. Pensez à retirer le pédoncule vert, il est sans intérêt gustatif. Les pousses feuillées et les feuilles tendres sont consommées en salades ou préparées à la manière des épinards et des poirées.

Le souci

Culture

De mars à mai, semez les grosses graines à 3 cm de profondeur. Après la levée, éclaircissez pour laisser un pied tous les 20 cm. Pincez les jeunes plants pour qu'ils se ramifient. Pensez aux variétés naines, comme **'Bonbon orange'**. Donnez une exposition ensoleillée et quelques arrosages.

Utilisations

Cueillez les fleurs de mai à septembre, elles ont comme un goût de radis lorsqu'elles sont crues. Faites aussi sécher les pétales de souci déposés sur un papier absorbant en les passant légèrement au four, juste le temps nécessaire pour les voir se flétrir et se recroqueviller. Ce « faux-safran » parfume, mais surtout colore les riz blancs, les infusions, les vinaigres, les huiles, les soupes, le beurre… Les jeunes feuilles peuvent rejoindre les mélanges de salades sauvages, elles sont épicées et légèrement amères.

La violette

Culture

Semez au printemps, mais alors faites preuve de patience, votre tapis de violettes sera beau et dense seulement l'année suivante. Achetez plutôt des plants en godet à planter au printemps ou en automne dans les régions les moins froides. Pour une floraison abondante, placez en plein soleil, à la rigueur sous une ombre légère, mais pas à l'ombre fraîche, car elle ne produit que du feuillage dans de telles conditions. Veillez aux arrosages. Dans 2 ans, vous dédoublerez vos plants.

LA GELÉE DE VIOLETTE

Il vous faut 2 tasses de fleurs de violettes cueillies au petit matin pour 2 tasses de sucre, le jus de ½ citron, et ½ sachet de pectine du commerce. Recouvrez les fleurs d'eau bouillante et laissez reposer 24 heures, le temps nécessaire à extraire l'arôme de la violette. Filtrez au travers d'un filtre à café et jetez les fleurs. Ajoutez le jus de citron et délayez la pectine avant de porter le tout à ébullition. Ajoutez le sucre et mélangez jusqu'à sa dissolution. Faites bouillir à gros bouillon pendant 1 minute pour activer la pectine, puis répartissez dans de tout petits pots (vous aurez environ une grosse tasse de gelée pour ces proportions).

Utilisations

Décorez simplement les plats en apportant quelques fleurs au dernier moment, car la chaleur les endommage rapidement. Essayez-vous aux fleurs de violettes enrobées de sucre candi, ce sont les fameuses friandises qui ont fait la réputation de la ville de Toulouse. Et pourquoi par la gelée (voir encadré) ?

ET AUSSI...

La lavande

Voir p. 124. Attention à son goût fort et camphré. Utilisez les épis séchés plutôt que frais, pour parfumer le riz (ou son eau de cuisson), la crème brûlée à la vanille, ou accommodez en sorbet.

L'œillet d'Inde

Quelques fleurs suffisent à colorer et parfumer un vinaigre. Avec ses faux-airs d'épice, il convient pour parfumer le taboulé, les potages...

Le chrysanthème

Mais pas tous, seulement le comestible, *Chrysanthemum coronarium,* consommé dans les pays asiatiques et orientaux.

Culture

Semez en avril-mai, éclaircissez après la levée pour conserver un plant tous les 20 cm. Arrosez régulièrement, au pied, sans éclabousser le feuillage.

Utilisations

Récoltez les fleurs de juillet à septembre et faites blanchir rapidement les pétales dans de l'eau bouillante pour leur ôter leur amertume. Accommodez en soupe, en potage, dans les sauces et les salades composées. Les jeunes feuilles sont consommées crues (en salades) ou cuites.

Durée de vie

Annuelles,
3 à 4 mois

Coloquintes, des courges pour la décoration

À mi-chemin entre le potager et le jardin d'ornement, ces curieuses petites courges aux formes, couleurs et ornementations très variées ont tout pour nous faire craquer. On doit se contenter du plaisir des yeux, car elles ne sont pas consommables. C'est déjà ça.

LISTE D'ACHAT

✓ 1 sachet de graines en mélange de variétés

Surprise !

Vous rêviez à une belle citrouille aux formes généreuses ou à un gros potiron plantureux ? Vous allez vous consoler avec les coloquintes dans une forme de jardinage miniature et démultiplier votre plaisir par les nombreuses formes disponibles. Elles sont souvent proposées en mélange de variétés, Le plaisir est augmenté par cette forme de loterie végétale. La fourniture de semences par variété est réservée aux professionnels qui assurent les arrivages dans le commerce, généralement pour la période d'Halloween.

Une petite place lui suffit

Cette petite courge de 20 à 50 cm de hauteur seulement a tout pour être cultivée dans le volume réduit d'un jardin de balcon. Habituellement, on la laisse courir au sol ou on la guide sur un tuteur ou un treillage. Dans votre jardin en hauteur, vous la laisserez retomber sur un de ses côtés. Vous pouvez semer en mars, à l'abri, ou directement en place en logeant 1 ou 2 graines dans un petit espace disponible. De toute façon, la récolte a lieu en octobre, le délai est suffisant pour semer tardivement. Un trou, une graine, et la coloquinte va pousser toute seule, à la faveur du terreau, de l'eau d'arrosage et du soleil apportés aux autres légumes. Toujours le même conseil, arrosez au pied, vous savez que l'oïdium est

très friand des grandes feuilles de toutes les cucurbitacées. Une petite poignée de terreau, de compost ou de fumier à son pied (utilisez des granulés, inodores et secs), et elle sera d'autant plus généreuse, sinon apportez un peu d'engrais tomates. Après la première pousse, taillez au-dessus de la 3e ou 4e feuille pour la faire se ramifier. Conservez seulement 5 ou 6 fruits par pied, sinon leur qualité va en diminuant.

Le temps de la récolte

Comme elle ne se mange pas, à la différence des autres citrouilles, la période de récolte n'a pas d'importance, estimez seulement son aspect décoratif. Lorsqu'elle vous semble agréable à regarder, que ses couleurs sont vives et ses ornementations bien contrastées, cueillez-la. C'est généralement le moment où les feuilles se dessèchent. Placez-la dans un endroit ventilé, à l'ombre, pour la faire sécher et durcir. Elle se conserve alors durant des mois, pour la décoration intérieure. Dans tous les cas, vous devez récolter tous les fruits avant les premières gelées. Certains jardiniers passent une petite couche de vernis pour prolonger leur conservation, c'est affaire de goût, je préfère les admirer dans leur beauté originelle. Rondes, allongées, en forme de gourde, unies ou curieusement bicolores, vertes, jaunes, blanches, finement rayées avec une incroyable régularité, elles semblent si parfaites qu'on les croirait artificielles. Rassurez-vous, aucun tripatouillage génétique à l'horizon : les coloquintes sont bel et bien naturelles.

Durée de vie

Annuelles et vivaces, 3 mois à plusieurs années

Des grimpantes *qui retombent*

La place est comptée dans les petits potagers de balcon et la concurrence est rude avec les légumes et les aromates qui mobilisent tout l'espace. Tout au moins en hauteur, car pour les plantes retombantes, la voie est libre pour se laisser aller jusqu'au sol.

LISTE D'ACHAT

✔ **Des sachets de graines ou des plantes en pot des espèces préconisées**

Ça monte ou ça descend ?

Une plante grimpante, ça grimpe. Mais quand elle n'a pas de support, elle retombe. Pensez à les utiliser pour habiller votre potager et finir de lui donner un côté pimpant. L'objet de cette fiche est de donner des idées de plantes fleuries, à laisser couler sur un bord ou dans un angle du potager et casser un peu la rigidité de ses lignes.

On sème ou on plante

Éliminez les plantes grimpantes à fort développement (glycine, bignone...) ou celles qui ont triste mine pendant l'hiver (clématites...). Choisissez des espèces aux tiges grêles, celles qui sont faciles à contenir d'un coup de sécateur. Enfin, arbitrez entre les annuelles qui permettent de changer de décor d'une année sur l'autre (capucine, pois de senteur...) et les vivaces qui seront au rendez-vous tous les ans.

La plupart des plantes décoratives sont proposées assez tôt en saison, au printemps, dans les jardineries, déjà poussées et fleuries. Pour certaines, le choix de plantes en pot s'impose, pour d'autres, le semis est si facile que vous avez intérêt à semer, d'autant plus que, dans les potagers déjà établis, il suffit de glisser quelques graines au dernier moment, au milieu des autres plantations.

Un petit tour dans votre jardinerie

Dès avril, les plantes suivantes sont proposées en conteneur, sous le marché couvert, dans l'assortiment des potées fleuries.

VIVACES À TAILLER...

La taille est des plus simples : en cours de végétation, vous pouvez égaliser au sécateur la plante lorsqu'elle touche le sol, puis rabattre court pour laisser 30 cm en fin d'automne.

Hardenbergie *(Hardenbergia comptoniana)*

Achetez une plante en pot, généralement présentée sur un arceau. Détachez-la pour la laisser libre de retomber. Elle est souvent en fleur, car elle a été cultivée en serre, mais dès la deuxième année, vous profiterez de sa floraison naturelle entre janvier et avril dans les climats doux. Ses feuilles persistantes, en fer de lance, d'un beau vert profond, mettent bien en valeur les grappes de fleurs. Préférez la variété violette ➔, la blanche est un peu terne.

Jasmin *(Jasmin polyanthum)*

Les jasmins sont nombreux, préférez *J. polyanthum*, il est persistant à semi-persistant, plutôt destiné aux climats doux, mais il supporte quelques épisodes de froid (– 5 à – 8 °C) pourvu qu'ils soient ponctuels (ailleurs, préférez le jasmin de Chine, *Trachelospermum jasminoides*). Il fleurit en abondants bouquets de boutons roses qui s'épanouissent en fleurs blanches, très odorantes, voire entêtantes, au parfum sans doute le plus puissant parmi les jasmins.

Passiflore *(Passiflora caerula)*

On ne présente plus la fleur de la Passion, précisons utilement que, sur la trentaine d'espèces proposées couramment, seule la passiflore bleue *(P. caerula)* 🡐 peut pousser jusqu'en région parisienne. Les autres sont superbes seulement dans les climats doux, telles *P. violacea*, au violet intense, *P. quandrangularis* et ses fleurs spectaculaires, ou *P. coccinea*, à floraison rouge intense. Toutes donnent de petits fruits ovales, généralement orange, décoratifs.

Des plantes à semer

Semez les plantes ci-dessous et, si vous avez pris du retard ou si vous préférez vous faciliter la vie sur le balcon, achetez des plantes en pot.

Capucine ***(Tropaeolum majus)*** **↓**
Quelques graines enfoncées à 3 cm de profondeur dans le terreau, en mai. Puis vous oubliez tout, sauf de maintenir la terre tout juste humide. Et admirez tout l'été la profusion de fleurs dans les tons chauds. Lisez bien les paquets de graines, car on propose beaucoup de variétés naines pour les potées fleuries, comme **'Tom Pouce'**, **'Impératrice des Indes'**, **'Tip Top'**, **'Alaska'**... alors que vous devez chercher des hybrides de Lobb.

Ipomée ***(Ipomoea spp.)*** **↑**
Connue aussi sous le nom de « volubilis », tout est dit concernant son exubérance. La croissance de ses fines tiges herbacées est d'une incroyable rapidité. Les nombreuses fleurs se succèdent en permanence tout l'été et ses cornets largement évasés semblent éclairés de l'intérieur quand on considère leur cœur à contre-jour. Choisissez ***I. leari*** et ses fleurs d'un beau bleu profond. Vous pouvez aussi semer, en avril, l'ipomée tricolore, en mélange de couleurs, chez les annuelles.

Pois de senteur ***(Lathyrus odoratus)*** **←**
Semez de février à avril directement en place et maintenez le sol frais, puis admirez la végétation au port foisonnant et ensuite la floraison délicieusement parfumée. Faites la différence entre les variétés grimpantes et les pois de senteur demi-nains n'excédant pas 70 cm, et les races naines de 25 cm de hauteur, prévues pour les bordures et les potées fleuries. Les coloris sont variés, mais toujours dans des tons et des nuances légères de blancs, de roses plus ou moins intenses, de mauves et de violet parme.

Suzanne aux yeux noirs *(Thunbergia alata)*
Semez au chaud ou à l'abri dans des godets, puis repiquez lorsque les plants ont 3 ou 4 feuilles et conservez dans l'attente des beaux jours, en avril-mai. Les tiges volubiles portent de grandes feuilles dentées d'un vert franc et, du début de l'été à l'automne, se couvrent de belles fleurs simples, orangées, dont le charme tient pour beaucoup à un œil noir. La forme la plus courante est à pétales orange, mais il existe des variétés à fleurs roses, plus ou moins jaunes ou blanches.

Cobée *(Cobaea scandens)* ↑
Semez au chaud en mars-avril, la germination se fait en quelques jours seulement. Patientez jusqu'à l'arrivée des beaux jours, lorsque tout risque de gelée tardive est écarté, et repiquez dans votre potager. En été, admirez son feuillage luxuriant et ses grandes fleurs en clochettes bleu foncé, presque indigo. Dans les régions les plus chaudes, elle se révèle vivace. Si vous jardinez dans le Midi, vous pouvez la laisser en place après l'avoir taillée au ras et protégée par un bon paillage, mais la plupart du temps, vous la cultiverez en annuelle.

LE COIN DU TÊTU

On vous a dit « pas de clématite », et vous en voulez tout de même ? Au moins, choisissez les variétés à feuillage persistant en hiver, comme la **clématite d'Armand**, *Clematis armandii*, ses fleurs blanches doubles sont superbes, et ses grandes feuilles lancéolées aussi.
On vous a dit « pas de bignone », et vous êtes d'un naturel curieux ? Plantez la seule **vraie bignone**, *Bignonia capreolata*, une américaine tout en finesse, aux feuilles allongées, d'un beau vert profond. En milieu de printemps, ses trompettes pourpres aux lèvres jaune soufré exhalent un délicat parfum de café ←. Vous aviez raison d'insister !

Durée de vie

Annuelles et vivaces, 3 mois à plusieurs années

Le potager *fleuri*

Le potager a toujours accueilli des fleurs, vous pouvez en parsemer ici ou là, mêlées aux légumes, ou reconvertir tout votre potager sur pieds en massif fleuri. Les fleurs annuelles (ou les vivaces à utiliser en annuelles) sont parfaites pour créer un décor fini en un tournemain. Vous pouvez même vous décider au dernier moment.

LISTE D'ACHAT

✔ **Des plants en mini-motte, en godet ou en conteneur, ou des sachets de graines si vous êtes partisan des semis**

Convolvulus tricolor

Vive les annuelles !

Les annuelles, vous allez les aimer pour la simplicité de leur culture, et aussi car elles sont de passage l'espace d'une saison. Elles permettent de recommencer tous les ans des compositions sans fin, de renouveler les plaisirs, et tout ça avec bien peu de soins. Adoptez-les pour un été fleuri, qui se prolonge au début de l'automne, lorsque la douceur s'étire en saison.

Plantez, c'est tout !

Semis, godets ou plantes finies ? Comme pour les légumes, évitez les semis, achetez des plants déjà prêts, les besoins sont réduits. Une solution est d'acheter des plants en mini-motte ou en godet, pour des rempotages précoces, ou directement des plantes semi-finies en petits conteneurs de 13 à 15 cm de diamètre.

La densité de plantation dépend directement de la taille des plants utilisés. Là où vous rempotez une plante finie, il vous faudra 3 godets de 5 cm de côté ou jusqu'à 5 mini-mottes. À la plantation, ménagez un peu d'espace, tout en donnant une allure presque finie à la composition. Sachez que la végétation va plus que doubler ou tripler dans la saison, anticipez donc cette croissance.

Une surface de 1 m de long et de 30 cm de large peut recevoir 4 espèces fleuries différentes, pour un effet de masse et de variété.

Des cascades de fleurs

Votre jardin sur pieds est déjà tout en hauteur ; pour rompre avec cette verticalité, laissez cascader les grandes coulées fleuries. Fichez d'abord plusieurs petits tuteurs de

Lathyrus hybrides

20 à 30 cm pour donner un peu de volume avant de faire retomber les plantes grimpantes. Placez une tache de patate douce dorée, ***Ipomoea batatas* 'Aurea'**, au centre, pour son panache vert clair et lumineux. Accompagnez de quelques godets de **lierre panaché** à petites feuilles, il en existe de nombreuses variétés en jardinerie. Apportez de la couleur avec une tache bleue de ***Convolvulus tricolor*** et adoucissez de rose avec des pois de senteurs, ***Lathyrus* hybrides**, qui exhaleront leur parfum délicat. Pour ces derniers, vous pouvez vous contenter de glisser quelques graines au moment de la réalisation.

Une composition tout en légèreté

La densité de la végétation peut être compensée par l'utilisation de plantes au port aérien. Rempotez une touffe de ***Erigeron karvinskianus*** dans un des petits côtés, pour son feuillage vaporeux, fin et ses nombreuses petites marguerites blanches et roses. Apportez une touche d'originalité avec ***Scaevola suaveolens***, aux curieuses fleurs en demi-marguerites bleu soutenu, à placer au bord pour le laisser couler hors de la jardinière. Donnez un peu d'intensité à l'aide d'un plant de ***Browallia speciosa***, aux grandes fleurs tubulaires bleu intense, placez-le en fond, il peut atteindre 60 cm, et adoucissez par un ***Brachyscome iberidifolia***, à l'autre extrémité de la composition, au feuillage mousseux portant de nombreuses et fines marguerites bleu violacé.

Erigeron karvinskianus

Scaevola suaveolens

Brachyscome iberidifolia

Comme au Sud

L'espace d'un été, goûtez à un petit décor directement inspiré des jardins du Sud. Ailleurs que dans les régions de climat doux, achetez et plantez des plantes déjà bien formées, en mai. Composez avec l'indolence de la Méditerranée apportée par les **pourpiers**, *Portulaca* hybrides ←, aux nombreuses nuances, roses, abricot ou saumon. Placez-les en bordure pour les laisser s'échapper du jardin sur pieds. Donnez du relief en fond de décor, avec les **diascias** ↓, *Diascia rigescens* ou *D. cordata,* au rose soutenu, ils pousseront à 30 ou 40 cm de hauteur, et intercalez 1 ou 2 **cinéraires maritimes**, *Cineraria maritima,* pour leur feuillage argenté très lumineux. Sur l'une des extrémités, laissez retomber une touffe de ***Convolvulus mauritanicus***, bleu soutenu, ou un ***Lobelia richardiana***, une cascade de petites fleurs bleu intense.

SUCCOMBEZ AU GODÉTIA

Le godétia, *Godetia grandiflora*, est une plante annuelle à la floraison abondante ↓. Les feuilles étroites et pointues forment une touffe dense de 40 cm. Elles mettent bien en valeur la splendide floraison en coupes évasées. Sa croissance est rapide, c'est pourquoi il est souvent appelé à la rescousse au dernier moment pour boucher les trous. Préférez les variétés naines, plus compactes et ramassées, comme **'Satin F1'**, de 20 cm.
Vous pouvez le semer directement en pot, si vous ne trouvez pas de jeune plant, et conserver les plus robustes. Le godétia ne craint pas le plein soleil, est peu sujet aux parasites et maladies. À utiliser comme alternative intéressante.

LES MANDEVILLAS : TOUT UN ÉTÉ SANS SOUCI

Des plantes fleuries tout l'été, aux tons éclatants, qui peuvent se passer de plusieurs arrosages (pour les jardiniers distraits), c'est la promesse tenue par les nombreux hybrides horticoles de ***Mandevilla spectabilis, M. sanderi, M. splendens***... connus par le nom commercial de leurs gammes : Diamentina®, Tropidenia®, Sundaville®, à acheter en petits pots de 15 cm de diamètre, car ils poussent rapidement, et fleuris pour juger sur pièce.

Un décor classique

Les grands classiques ont fait leurs preuves, il serait injuste de les dédaigner. Composez un fond de **géraniums-lierres**, en mêlant le rose soutenu et les blancs pour apporter de la lumière. Assortissez de **verveines hybrides**, de la série Tapien®, en bordure de jardinière, dans les roses intenses et les violets clairs. Complétez par de simples **pétunias** roses et blancs, sans oublier les hybrides à fleurs doubles. Pour rompre avec cette profusion de fleurs, intercalez une plante à feuillage décoratif : le **lierre terrestre**, *Glechoma hederacea* 'Variegata' est parfait dans cet emploi.

Des mois en blanc

Osez une jardinière de blancs, à placer sous une ombre très légère pour éclairer le décor. Rempotez un **géranium-lierre** blanc, quelques **pétunias** doubles immaculés pour constituer le fond de végétation fleurie. Plantez, au beau milieu de la jardinière, un pied **d'impatiens de Nouvelle-Guinée**, aux pétales blancs, et veillez à ce qu'il ne manque jamais d'eau, car il baisse rapidement la tête. Mariez un plant de ***Convolvulus cneorum*** au bord de la jardinière. Ses fleurs de liseron blanc une fois passées, il restera son magnifique feuillage argenté et duveteux pour apporter un peu d'éclat.

Carnet d'adresses

GRAINES BAUMAUX
BP100
88503 Mirecourt Cedex
Tél. : 03 29 43 00 00
www.graines-baumaux.fr

LE BIAU GERME
Lieu-dit Garliet
47360 Montpezat-d'Agenais
Tél. : 05 53 95 95 04
www.biaugerme.com

BOTANIC
Liste des points de vente :
www.botanic.com

FABRE GRAINES
21, rue des Drapiers
57083 Metz Cedex 3
Tél. : 03 87 74 07 65
www.fabre-graines.com

GAMM VERT
Liste des points de vente :
www.gammvert.fr
Vente de plants en ligne :
www.plantes-et-jardins.com

LA FERME DE SAINTE MARTHE
BP 70404
49004 Angers Cedex 01
Tél. : 02 41 44 11 77
www.fermedesaintemarthe.com

JARDILAND
Liste des points de vente :
www.jardiland.com

PÉPINIÈRES PLANFOR (FRAISIERS)
RD 651
40090 Uchacq
Tél. : 05 58 75 90 80
www.planfor.fr

TRUFFAUT
Liste des points de vente :
www.truffaut.com

Index des plantes

Index des plantes

Index des plantes

Crédits photographiques

Shutterstock
© 18042011 : 137 bd ; © 5PH : 117 m ; © adventurepix : 70 b ; © agalll : 127 h ; © Aisyaqilumar2 : 29 b ; © AJCespedes : 23 hg ; © Alexander Raths : 27 h ; © Alfred Nesswetha : 129 h ; © Alla Maistrenko : 27 b ; © allstars : 41 b ; © alybaba : 133 hd ; © Anastasia_Panait : 93 b ; © AnastasiiaM : 110 ; © Annara : 17 ; © Arina P habich : 30 ; © Artistas : 67 h ; © azure : 87 bd ; © Bildagentur Zoonar GmbH : 89 hd ; © Birute Vijeikiene : 128 bg ; © bjonesphotography : 50 bg ; © Blueguy : 21 b ; © bonchan : 62 ; © Boonsom : 131 bg ; © Catalin Petolea : 80 ; © Cenusa Silviu Carol : 139 md ; © CHAIYA : 117 b ; © ChaiyonS021 : 28 h ; © Chamille White : 128 h ; © ChiccoDodiFC : 25 h ; © Chiffanna : 70 hd ; © chuchiko17 : 85 b ; © Claudio Divizia : 111 b ; © csp : 119 bg ; © Daimond Shutter : 139 bd ; © Danuta : 138 bd ; © David hanlon : 37 b ; © Delpixel : 49 d ; © Denis and Yulia Pogostins : 44, 47 b, 53 b, 83 b, 87 hg ; © Der Wats : 95 h ; © Dewitt : 135 b ; © Ed Samuel : 101 m ; © Ekaterina Kondratova : 97 hd ; © Elena barstad : 42 ; © EQRoy : 59 b ; © ER_09 : 83 m ; © feathercollector : 107 bg ; © Filip Fuxa : 137 hg ; © Fogflow : 137 bm ; © Foodpictures : 61 b ; © FotoDuets : 41 m ; © Franz Peter Rudolf : 13 b, 26 ; © Garsya : 43 h ; © Gitanna : 125 m ; © GoodMood Photo : 92 ; © GSPhotography : 43 b ; © guentermanaus : 76, 99 h, 113 h ; © Hannamariah : 22 ; © Heike Rau : 96 ; © heleyro : 41 h ; © HHelene : 136 ; © Hirundo : 135 h ; © Igor Plotnikov : 40 ; © irabel8 : 102 h ; © iremt : 61 m ; © islavicek : 95 b ; © Jane Rix : 47 h ; © jgolby : 39 b ; © Jiri hera : 85 m ; © Julia Sudnitskaya : 58 ; © JuliaM. Fotografie : 103 m ; © julie deshaies : 69 h ; © Julie Vader : 126 ; © JurateBuiviene : 95 m, 120 ; © Karen Kaspar : 97 hg ; © Khrystyna bakuchava : 87 m ; © Khumthong : 75 b ; © kogytuk : 121 b ; © kronnui : 71 b ; © Krzysztof Slusarczyk : 55 h ; © kviktor : 37 h ; © Larisa Lofitskaya : 28 b ; © Laura bartlett : 132 ; © LightCooker : 77 b ; © locrifa : 4 ; © Lost Mountain Studio : 135 m ; © Lyashenko Egor : 25 b ; © Madlen : 82 ; © MalcolmC : 139 mg ; © MaleWitch : 137 hd ; © Malivan_Iuliia : 36 ; © Malle : 137 bg ; © Manfred Ruckszio : 101 bg, 103 h, 112 d, 129 b ; © Maren Winter : 116 ; © margouillat photo : 48 ; © Maria bobrova : 73 b ; © Marie C Fields : 121 h ; © Marina Shanti : 119 bd ; © Mark Skalny : 46 ; © MarkMirror : 128 bd ; © Martin Fowler : 71 h ; © maziarz : 93 m ; © MBLifestyle : 16 b ; © Melpomene : 81 b ; © Menna : 99 b ; © Miriam Doerr Martin Frommherz : 109 b ; © misszin : 68 d ; © mssy : 131 hg ; © Nadezhda Nesterova : 123 b ; © NaMaKuKi : 77 h ; © Nanisimova : 59 h, 101 hg ; © Natali Glado : 130 ; © NatalieJean : 67 bd ; © natashamam : 101 hd ; © Nicolette_Wollentin : 78 b ; © Nikolay Dimitrov - ecobo : 67 bg ; © Noppharat4569 : 138 h ; © oksana2010 : 67 m ; © Oleg Vinnichenko : 134 h, 139 bg ; © olenaa : 104, 134 b ; © Olinchuk : 119 h ; © Pat_Hastings : 122, 125 h ; © Paul Nash : 127 bg ; © Peter Radacsi : 93 h ; © Peter Turner Photography : 75 m ; © Pfeiffer : 133 b ; © Photographee.eu : 117 h ; © Pixeljoy : 118 h ; © puchkovo48 : 121 m ; © Ralph Gillen : 59 m ; © Rattana : 118 b ; © ReeAod : 55 bg, 81 h© Rey Kamensky : 134 m ; © Richard Peterson : 123 m ; © RIRF Stock : 101 bd ; © rodimov : 39 m, 53 m ; © rodimov : 68 g ; © rootstock : 84 ; © Saida Shigapova : 106 ; © sanddebeautheil : 97 b ; © sasimoto : 55 bd ; © senlektomyum : 74 ; © Shebeko : 131 hd ; © Singkham : 24 g ; © Skyprayer2005 : 45 m, 45 b, 75 h, 107 h, 107 bd, 112 g, 129 m, 133 m, 98 ; © smart.art : 45 h ; © smikeymikey1 : 49 g ; © Smith1972 : 102 b ; © Starover Sibiriak : 105 b ; © STUDIO GRAND OUEST : 123 h ; © Swapan Photography : 83 h ; © Swellphotography : 51 g ; © tagomanz : 61 ; © Taras Garkusha : 51 d ; © Terrance Emerson : 64 ; © Tobias Arhelger : 63 b, 94 ; © Torgonskaya Tatiana : 131 bd ; © trancedrumer : 103 b ; © TunedIn by Westend61 : 65 ; © TwilightArtPictures : 60 ; © Ulyana Khorunzha : 34 ; © Vadym Zaitsev : 127 bd ; © Vahan Abrahamyan : 138 bg ; © Viktory Panchenko : 118 m ; © Vlad Siaber : 87 hd ; © wasanajai : 113 m ; © wjarek : 81 m ; © Wollertz : 37 m ; © WORAKON PHUAPHAN : 113 b ; © yauhenka : 70 hg ; © yuris : 85 h.

Biosphoto
© Concepteur : Pierre-Alexandre RISSER/Alexandre Petzold : 6, 10, 109 m ; © Château de la Bourdaisière/Rustica/Alexandre Petzold : 50 hd ; © Alexandre Petzold : 88 hg,105 h ; © André Simon : 125 b ; © Flora Press/Andrew Lawson : 111 h ; © B & G Médias : 13 h, 57, 87 bg, 89 bg, 105 m ; © Roots Paysages/B & G Médias/Biosphoto : 29 h ; © Flora Press/Bine brändle : 66 ; © Rustica/Christian hochet : 79, 89 hg ; © Flora Press/Daniela Kunze : 15 b, 39 h ; © Digitalice : 56 bg ; © Visions Pictures/Elburg botanic Media : 47 m ; © Potager du Château des Allues/Rustica/Eric brenckle : 86 ; © Potager de Patricia Auvray/Rustica/Franck Boucourt : 23 hd ; © Frédéric Didillon : 43 m, 50 bd, 78 h, 88 hd ; © Frédéric Tournay : 71 m ; © Frédérique Bidault : 111 m ; © Friedrich Strauss : 8, 11 bd, 12, 18, 20 hg, 20 hd, 24 d, 53 h, 100 ; © Jean-Luc & Françoise Ziegler : 124 ; © Joël Douillet : 56 bd ; © Lamontagne : 38 ; © Flora Press/Liz Eddison : 11 bg ; © Marc Chatelain : 63 h ; © Flora Press/Nadja buchczik : 11 h ; © NouN : 50 hg, 69 b, 72, 73 h, 73 m ; © Flora Press/Nova Photo Graphik : 54 ; © Philippe Giraud : 35 m, 52, 108 ; © Biosgarden/Philippe Giraud : 89 bd ; © Biosgarden/Philippe Giraud : 139 h ; © Rustica/Virginie Klecka : 56 hg, 56 hd ; © Visions Pictures : 99 m ; © Visions Pictures : 133 hg ; © Yann Avril : 20 bg, 35 b.

Dessins de **Caroline Koehly** : 14 hg, 14 hd, 14 bg, 14 bd, 15 h, 16 h, 16 m.

Serge Schall : 35 h, 109 h.

L'éditeur remercie chaleureusement **EDA-VEG&TABLE** (© 19 h, 21 hd) et **Poétic** (© 19 b, 20 bd, 21 hg).

Imprimé en Espagne par Macrolibros SL
Dépôt légal : mars 2017
318646/02 – 11036803 – septembre 2017